Bases e perspectivas
da reforma política brasileira

bases e perspectivas
da reforma política brasileira

Fernando Gustavo Knoerr

Prefácio
Romeu Felipe Bacellar Filho

Bases e perspectivas da reforma política brasileira

Belo Horizonte

2009

© 2009 Editora Fórum Ltda.

É proibida a reprodução total ou parcial desta obra, por qualquer meio eletrônico, inclusive por processos xerográficos, sem autorização expressa do Editor.

Conselho Editorial

Adilson Abreu Dallari
André Ramos Tavares
Carlos Ayres Britto
Carlos Mário da Silva Velloso
Carlos Pinto Coelho Motta
Cármen Lúcia Antunes Rocha
Clovis Beznos
Cristiana Fortini
Diogo de Figueiredo Moreira Neto
Egon Bockmann Moreira
Emerson Gabardo
Fabrício Motta
Flávio Henrique Unes Pereira

Floriano de Azevedo Marques Neto
Gustavo Justino de Oliveira
Jorge Ulisses Jacoby Fernandes
José Nilo de Castro
Juarez Freitas
Lúcia Valle Figueiredo
Luciano Ferraz
Márcio Cammarosano
Maria Sylvia Zanella Di Pietro
Oswaldo Othon de Pontes Saraiva Filho
Paulo Modesto
Romeu Felipe Bacellar Filho

Luís Cláudio Rodrigues Ferreira
Presidente e Editor

Coordenação editorial: Olga M. A. Sousa
Revisão: Cida Ribeiro
Indexação: Rosilene Moreira Coelho - CRB 2930 - 6ª Região
Capa, projeto gráfico e formatação: Walter Santos

Av. Afonso Pena, 2770 - 15º/16º andar – Funcionários - CEP 30130-007
Belo Horizonte - Minas Gerais – Tel.: (31) 2121.4900 / 2121.4949
www.editoraforum.com.br – editoraforum@editoraforum.com.br

K723b Knoerr, Fernando Gustavo

Bases e pespectivas da reforma política brasileira / Fernando Gustavo Knoerr; prefácio de Romeu Felipe Bacellar Filho. Belo Horizonte: Fórum, 2009.

190 p.
ISBN 978-85-7700-261-0

1. Ciência política. 2. Direito eleitoral. I. Título. II. Bacellar Filho, Romeu Felipe.

CDD: 320
CDU: 32

Informação bibliográfica deste livro, conforme a NBR 6023:2002 da Associação Brasileira de Normas Técnicas (ABNT):

KNOERR, Fernando Gustavo. *Bases e pespectivas da reforma política brasileira*. Belo Horizonte: Fórum, 2009. 190 p. ISBN 978-85-7700-261-0.

Ao Arno, exemplo de pai, homem e magistrado.

À Wilse, in memoriam, lembrança perene de que as mães são o melhor presente de Deus.

Sumário

Prefácio
Romeu Felipe Bacellar Filho 11

Capítulo 1
Metafísica e democracia: a contribuição da teorização
grega clássica à modernidade 15

1.1   A democracia 21

1.1.1   A democracia grega 22

1.1.1.1 O modelo platônico 23

1.1.1.2 O modelo aristotélico 24

1.1.2   A democracia moderna 25

1.1.2.1 A república de Jean Bodin 25

1.1.2.2 O liberalismo político inglês 29

1.1.2.3 O paradigma norte-americano 33

1.1.2.3.1 O paradigma da democracia madisoniana 36

1.1.2.3.2 O paradigma da democracia populista 37

1.1.2.4 A construção francesa 39

1.1.2.4.1 O paradigma do Estado Democrático de Rousseau 41

1.1.2.5 Participação política e dialética democrática 45

1.1.2.6 Conclusões acerca da democracia moderna 48

1.1.2.7 Requisitos da democracia moderna 50

1.1.2.8 Democracia e soberania na modernidade 52

1.2   Democracia representativa e sistemas eleitorais 54

1.2.1   Escolha dos representantes 60

1.2.2   Sistemas eleitorais 63

1.2.2.1 O sistema de listas fechadas 67

1.2.3   Mandato: precisamento terminológico 68

1.2.3.1 Mandato vinculado ou imperativo 70

1.2.3.2 Mandato livre 72

1.2.4   Representação na contemporaneidade e o fenômeno da globalização....76

1.2.4.1 O "neoliberalismo" do modelo anglo-saxão 81

1.2.4.2 Representatividade e globalização 83

Capítulo 2
Partidos políticos: uma definição histórica ...93

2.1	O elemento teleológico: característica conceitual	98
2.2	Partidos de quadros	108
2.3	Partidos de massa	112
2.4	Estrutura	117
2.4.1	Simpatizantes e adeptos	117
2.4.2	Militantes	118
2.4.3	Dirigentes	118
2.4.4	Integrantes da bancada	119
2.5	Funções	120
2.5.1	Funções tradicionais dos partidos políticos	120
2.5.2	Função de policiamento do exercício do mandato	121
2.5.3	Função pedagógica	123
2.5.4	Função de agremiação dos eleitos	123
2.5.5	Função de controle	125
2.5.6	Função de comunicação	127
2.6	Sistemas	128
2.6.1	Sistemas partidários e democracia	128
2.6.2	Bipartidarismo	130
2.6.3	Pluripartidarismo ou multipartidarismo	134
2.6.4	Monopartidarismo	136
2.6.5	Sistema partidário e sistema eleitoral	138
2.7	A juridicização dos partidos políticos	140
2.7.1	A experiência brasileira	144
2.7.1.1	Princípios constitucionais da organização partidária na experiência brasileira	147
2.7.1.1.1	Limites à autonomia partidária	148
2.7.2	O controle dos partidos políticos no Brasil	151
2.7.3	O estatuto dos partidos políticos	155
2.7.4	A deontologia da ideologia partidária	156

Capítulo 3
Partitocracia e reforma partidária brasileira ...163

3.1	Instrumentos da partitocracia	163
3.1.1	O voto obrigatório	163
3.1.2	Distribuição de cargos na Administração Pública	164
3.2	Financiamento público dos partidos	166
3.3	Cláusula de exclusão ou de barreira	166
3.4	A breve vida da verticalização	170

3.5	Fidelidade partidária	171
3.5.1	A fidelidade no exercício do mandato: o controle concomitante da moralidade	171
3.5.2	Democracia, autonomia e fidelidade partidárias no Brasil	171
3.5.3	A fidelidade partidária sem mandato imperativo	179

Índice de assuntos 185

Índice onomástico 189

Prefácio

Sinto-me sumamente honrado em ter sido escolhido para prefaciar este excelente trabalho. A bibliografia jurídica nacional e estrangeira é especialmente rica no campo do chamado Direito Público. Ao grande acervo de notáveis obras — especialmente na restritíssima seara do Direito Eleitoral — vem se somar o *Bases e perspectivas da reforma política brasileira*, de autoria do Professor Fernando Knoerr, em que, em momento de rara inspiração, apoiado em Alain Tourraine, o autor demonstra que as verdades são muito mais perigosas para a democracia do que as incertezas, sendo certo que a democracia torna-se impossível se alguém, identificando-se com a racionalidade universal, reduz os outros à defesa de sua identidade particular.

Avaliando com insuperável percepção as relações do cidadão com o Estado, o autor sublinha que quando cada um recebe de volta o que cedeu ao todo, recebe dentro dos contornos da "liberdade civil", limitada pela "vontade geral". Desta forma, explica que o indivíduo cede sua liberdade ao todo social (jamais ao Estado), recebendo em retorno direto, estampado na lei que é emanação autêntica de sua vontade manifestada no contrato social. Assim, a limitação à liberdade, posta em lei, como sustenta Guillaume Bacot, será sempre uma autolimitação. O governo, de consequência, será sempre um autogoverno.

Dando continuidade à sua lúcida forma de pensar, o autor conclui que quem obedece à lei está obedecendo, em última instância, à sua própria vontade, nela estampada por força da garantia do mandato imperativo, o qual, conforme explica de modo inobjetável e apoiado nas lições de Rousseau, aparece como resultado direto da inalienabilidade da soberania, sendo claro que no momento em que o povo está legitimamente reunido em corpo soberano, toda jurisdição de governo cessa, o Poder Executivo suspende-se e a pessoa do último cidadão é tão sagrada e inviolável como a do primeiro magistrado, porque onde se acha o representado não há representante. Que, afinal, quem obedece à lei exerce a maior das liberdades.

Em análise da democracia contemporânea, a obra evidencia que esta é construída e sustentada a partir de elementos democráticos, e será mais democrático um regime quanto mais democráticos forem os seus elementos, não se podendo tolher do integrante da bancada a possibilidade de optar, de pensar e agir de modo distinto dos demais integrantes daquela, e ainda assim estar conformado às diretrizes partidárias.

Aduz na sequência que os partidos, assim como a democracia devem sancionar a liberdade da diferença. Somente os que assumem comportamento francamente contrário à diretriz partidária podem ser punidos por infidelidade. Que pensar o contrário redundaria em transformar o mandatário em alguém que não tem a mínima condição de expressar sua vontade, mas tão somente a do partido, fazendo com que o mandato, que ao menos em certa medida deve ser titularizado por quem o recebe na escolha das urnas, passasse a pertencer unicamente à agremiação.

A idéia de escrever um livro é acalentada por todos que militam na docência. Todavia, como em geral acontece com grande parte dos doutrinadores, há muito a escrever e o tempo se mostra cada vez mais limitado.

Não se ignora que o avanço do Direito Eleitoral é proporcional ao aumento das relações entre o Estado e o indivíduo. Essas relações mostram-se mais significativas nos chamados Estados intervencionistas, propiciando, como decorrência, multifárias indagações a serem respondidas pela pesquisa, pela interpretação e, sobretudo, pela aplicação do direito.

Na obra em que a Editora Fórum tem o privilégio de entregar ao público, o Professor Fernando Knoerr, advogado vocacionado, somou de forma ordenada e sistemática os conhecimentos acumulados ao longo do exercício do magistério com aqueles hauridos do sereno exercício da atividade na advocacia.

A linguagem acessível que emprega no decorrer da obra em apreço, a exemplo de outras que têm escrito, torna-a um verdadeiro manual de obrigatória consulta e leitura agradável, que servirá, por certo, de guia e bússola para todos quantos queiram embrenhar-se pelos caminhos do Direito Eleitoral ou para aqueles que, objetivando subsidiar e enriquecer um trabalho, necessitem de uma palavra autorizada de esclarecimento, seja com a interpretação segura de um texto, seja na busca de uma solução adequada para um problema jurídico.

Não se iludam, contudo, os leitores desta estupenda obra com a simplicidade da apresentação e a leveza do comentário ora levado a efeito. O livro tem a sua presença marcada pela seriedade dos estudos nele expostos e pela profundidade na análise das temáticas versadas e das questões seguramente resolvidas.

Apoiado em magnífica bibliografia, dimensionando com maestria a doutrina e a jurisprudência coligidas, o autor demonstra a cada passo notável capacidade de, mercê da exposição sóbria e interessante, homenagear de forma sublime e munido da inteligência que sempre o caracterizou os ávidos destinatários da excelente obra que produziu.

Romeu Felipe Bacellar Filho

Capítulo 1

Metafísica e democracia: a contribuição da teorização grega clássica à modernidade

Sumário: 1.1 A democracia - **1.1.1** A democracia grega - **1.1.1.1** O modelo platônico - **1.1.1.2** O modelo aristotélico - **1.1.2** A democracia moderna - **1.1.2.1** A república de Jean Bodin - **1.1.2.2** O liberalismo político inglês - **1.1.2.3** O paradigma norte-americano - **1.1.2.3.1** O paradigma da democracia madisoniana - **1.1.2.3.2** O paradigma da democracia populista - **1.1.2.4** A construção francesa - **1.1.2.4.1** O paradigma do Estado Democrático de Rousseau - **1.1.2.5** Participação política e dialética democrática - **1.1.2.6** Conclusões acerca da democracia moderna - **1.1.2.7** Requisitos da democracia moderna - **1.1.2.8** Democracia e soberania na modernidade - **1.2** Democracia representativa e sistemas eleitorais - **1.2.1** Escolha dos representantes - **1.2.2** Sistemas eleitorais - **1.2.2.1** O sistema de listas fechadas - **1.2.3** Mandato: precisamento terminológico - **1.2.3.1** Mandato vinculado ou imperativo - **1.2.3.2** Mandato livre - **1.2.4** Representação na contemporaneidade e o fenômeno da globalização - **1.2.4.1** O "neoliberalismo" do modelo anglo-saxão - **1.2.4.2** Representatividade e globalização

O gradativo descrédito do homem grego em seus mitos levou-o a buscar a resposta para todas as questões sobre tudo o que existe no cosmos (o SER), em algo que fosse eterno e imutável, a-histórico em síntese, da mesma forma que o eram os mitos. "Então, abolindo-se a atuação de vontades divinas divergentes", explica José Américo Motta Pessanha, "chegar-se-á a um divino neutro imparcial: a divina *arché* das cosmogonias dos primeiros filósofos".[1]

O apego a algum elemento metafísico, como forma de superação da transitoriedade do homem e de suas obras, tem origem direta na construção filosófica grega.[2]

A decadência da *mitopoyésis* fez o homem chamar para si a responsabilidade de explicar o mundo sensível e tudo que nele ocorre, livrando os deuses deste encargo, recebido como penalização pelo exercício da racionalidade (*logos*).[3]

Nesse contexto, nasce, na criação da Escola de Mileto, a busca do princípio, ubicado em algum elemento da natureza (cosmos) não apenas como elemento criador de tudo que há na *physis*, mas também como elemento de sustentação.

Para os pré-socráticos da Escola de Mileto (Tales, Anaximandro a Anaxímenes), a resposta à questão ontológica passa sempre por um PRINCÍPIO (a água, o ar, o infinito), a *arché*, algo que, identificado na contemplação (*theoría*) da realidade, deveria ser tão a-histórico quanto o mito, e explicaria de onde veio e o que sustenta o SER. O princípio cria e dá sustentação, autonomizando a *physis* em relação à divindade.

---

[1] PESSANHA, José Américo Motta. *Os pré-socráticos:* os pensadores. São Paulo: Nova Cultural, 1999. p. 9.

[2] Para Enno Rudolph, a construção mítica assinala uma forma de cultura embrionária, quando afirma que: "La découverte que la conscience mythique souffre d'un conflit qui est fondé par le fossé entre l'experience de la différence d'un côté, et la protection garantie par un daimon de l'autre, laisse la possibilité de comprendre le mythe en comparaison des autres formes comme une forme de culture embryonnaire" (RUDOLPH, Enno. Les mythes politiques comme phénomènes de culture selon Ernst Cassirer. *Cahiers de philosophie politique et juridique*, Caen, n. 26, p. 164, 1994).

[3] Tal processo encontra-se descrito por Hesíodo, com incomparável riqueza de detalhes, na lenda de Prometeu acorrentado. Prometeu rouba o fogo sagrado dos deuses, símbolo da racionalidade destes, que, afinal, criaram o mundo e deram a todos os seres um lugar adequado, uma certa ordem, para entregá-lo aos homens. Trazendo a razão aos homens, sofre uma punição (é amarrado a uma pedra com as vísceras externadas, incessantemente consumidas por uma águia, e sempre regeneradas, para que a dor nunca findasse), e faz com que recaia uma punição sobre todos os homens: os deuses criam Pandora, enviam-na aos homens com uma caixa que, aberta por aquela, deixa escapar todos os males, restando na caixa, aprisionada, apenas a esperança. A lenda é descrita por BULFINCH, Thomas. *O livro de ouro da mitologia:* história de deuses e heróis. 11. ed., Rio de Janeiro: Ediouro, 2000. p. 19-26.

Já na transição do período cosmológico da fase pré-socrática para o período humanista, reaviva-se a discussão sobre a metafísica a partir da clássica controvérsia estabelecida entre Heráclito e Parmênides. Aquele busca a resposta à questão ontológica afirmando que o SER existe e permanece porque se encontra em constante movimento (dialética). Este demonstrando que o SER é dialético apenas na aparência, porque na essência, naquilo que lhe é imanente, o SER é imutável.[4]

Com esta separação, vislumbrando em todo SER algo que é aparente e mutável (*phaenomenon*), e algo que lhe é imanente e imutável (*noumenon*), desponta a metafísica no sentido que historicamente a consagrou, amparada na constatação de que a aparência pode ser captada pelos sentidos (aliás, os sentidos só captam a aparência), pois o que é imanente e imutável, o que, em síntese, está além do físico (metafísico), somente será apreendido pela razão (*logos*). Apenas a razão capta o que é permanente. A sensibilidade limita-se a captar o que é transitório.

Este elemento permanente (*noumenon*) é representado por sinais na escola pitagórica, os números.[5]

A teoria socrática consolida a metafísica contrapondo, agora na análise do próprio homem, sua aparência (o corpo) à sua alma (*psyché*), sendo esta a sua essência.

A metafísica, assim concebida e consolidada, vai aprimorada pelo idealismo platônico de moldura socrática, exposto no *Fédon*,[6] fulcrado na comparação entre dois mundos: o mundo das ideias que, inspirado pelo bem absoluto, sendo eterno e imutável, guarda todos os modelos nos quais se molda a *physis*, esta sim, mutável. Também o mundo das ideias, dos modelos ideais, somente é apreensível racionalmente, sendo que a *physis* pode ser captada pelos sentidos. É Platão quem, partindo desta base idealista, pela primeira vez na história ocidental, põe o dado metafísico a serviço

---

[4] ABRÃO, Bernadette Siqueira. *Histórica da filosofia*: os pensadores. São Paulo: Nova Cultural, 1999. p. 31-32.

[5] REALI, Giovanni; ANTISERI, Dario. *História da filosofia*. São Paulo: Edições Paulinas, 1990. p. 40. v. 1.

[6] PLATÃO. *Fédon*. São Paulo: Nova Cultural, 1999. p. 126. (Coleção Os pensadores).

da teorização política, estruturando sua República e sua teorização sobre formas de governo conforme as virtudes (características do hiperurânio) que cada alma teve condições de escolher.

A teoria aristotélica, por sua vez, como é próprio da visão otimista que estampa na figura do homem, reconhece a este ser a capacidade de, através do silogismo, captar o que há de imanente na realidade, partindo de axiomas, verdades genéricas e universais (premissa maior) que, postas como parâmetro de comparação com um caso particular (premissa menor), permitirão o encontro da verdade (conclusão), o *theorema*.[7]

Na escolástica, a linha platônica perfilada na leitura Agostiniana estampada na *Civitas Dei* presta-se com extrema conveniência à sedimentação da união entre política e metafísica, lastreada não apenas na figura do Rei-Filósofo, mas na do Rei-Cristão, ordenado pela divindade, pelo elemento metafísico.[8]

Surge a Teoria do Poder Divino dos Reis, amparada na constatação de que Reis somente serão aqueles indicados pela Igreja, em fiel expressão da vontade da divindade (*potestas clavium*).[9]

Portanto, quem está contra o Rei, está contra a divindade, e contra a verdade nele encarnada.

Metafísica e política sempre andaram de mãos dadas, sendo claro que até a ascensão do racionalismo do século XVII, este dado metafísico era definido como algo que jamais poderia ser construído, mas apenas descoberto e declarado, pela efemeridade humana.

Ocorre que, com a consolidação dos postulados racionalistas, seguindo linha que o aristotelismo já havia inaugurado, passa-se a reconhecer no próprio homem — como será consagrado pelo modelo de Estado Democrático rousseauniano — a condição de determinar o que é esta vontade de todos (a vontade geral), posta como elemento a-histórico empiricamente identificado.[10]

---

[7] ARISTÓTELES. *Os pensadores*. São Paulo: Nova Cultural, 1999. p. 89-94.

[8] TRUYOL Y SERRA, Antonio. *Historia da filosofia do direito e do Estado*. 7. ed., Madrid: Alianza Editorial, 1985. p. 219. v. I.

[9] SKINNER, Quentin. *As fundações do pensamento político moderno*. São Paulo: Companhia das Letras, 1999. p. 453.

[10] CHAUÍ, Marilena. *Convite à filosofia*. 12. ed., São Paulo: Ática, 1999. p. 71.

No idealismo moderno, G. W. F. Hegel é o responsável pela elevação do Estado a elemento metafísico, pois, se o Estado é o momento ético superior, sendo o que de melhor a razão humana pôde criar — no uso desta prerrogativa de expressar a verdade que o racionalismo lhe deu[11] — não se admite que ninguém esteja contra o Estado, que ninguém busque contrariá-lo. Se a doutrina do Estado é a expressão da verdade, não há porque se ouvir outra voz, que deverá, na melhor das hipóteses, estar enganada. Quem está contra o Estado, neste particular, não tem razão (e tem que ser doutrinado), é louco (e tem que ser tratado) ou é um enganador, até mesmo um traidor (e em ambos os casos deve ser exemplarmente punido). Eis o totalitarismo.[12]

Como leciona Juarez Freitas, "para Hegel, o Estado é a mais alta expressão do universo ético: é o próprio universo ético, ou seja a objetivação do Espírito Universal em um povo determinado [...]".[13]

A metafísica unida à política, assim configurada esta união, conduz à exclusão da diferença e à intolerância, já que consagra a possibilidade de defesa intransigente de uma única *weltanschaaung*. "A grande questão", como constata Hans Kelsen, "é saber se existe algum conhecimento da verdade absoluta, alguma compreensão dos valores absolutos. Esta é a principal antítese entre as filosofias do mundo e as da vida em que se insere a antítese entre a autocracia

---

[11] HEGEL, Georg Wilhelm Friedrich. *The philosophy of right*. Londres: Encyclopedia Britannica, 1952. p. 130.

[12] REALI, Giovanni; ANTISERI, Dario. *História da filosofia*. São Paulo: Edições Paulinas, 1990. p. 150-154. v. 3. No mesmo sentido, Robert Orr, ao enunciar a visão de conjunto dos requisitos do totalitarismo enunciados por Hannah Arendt, como sendo: "1) Uma ideologia elaborada, isto é, uma doutrina oficialmente prescrita que tem algo a dizer sobre todos os aspectos da vida, inclusive a maneira adequada de prever o estado final da raça humana; 2) Um único partido de massa, liderado por um ditador, organizado hierarquicamente, que não admite rivais. É monolítico, isto é, composto de uma única peça, e não existem outras peças; 3) Controle policial terrorista, que não apenas sustenta mas também supervisiona o partido; 4) Controle monopolista das comunicações; 5) Controle quase completo das forças armadas; 6) Controle burocrático centralizado da economia. Não existe 'pluralismo' e permissão para que associações secundárias se ergam entre o cidadão e o estado todo-poderoso" (ORR, Robert. Totalitarismo. In: CRESPIGNY, Anthony de; CRONIN, Jeremy. *Ideologias políticas*. 2. ed., Brasília: Edunb, 1999. p. 118).

[13] FREITAS, Juarez. *As grandes linhas da filosofia do direito*. 2. ed., Caxias do Sul: EDUCAS, 1986. p. 73.

e democracia. A crença na existência da verdade absoluta e de valores absolutos constitui a base de uma concepção metafísica e, em especial, mítico-religiosa do mundo. Mas a negação desse princípio, a opinião de que o conhecimento humano só tem acesso a verdades relativas, a valores relativos, e, por conseguinte, qualquer verdade e qualquer valor, assim como — assim como o indivíduo que os descobre — devem estar prontos para se retirar a qualquer momento, e deixar lugar a outros valores e outras verdades, leva à concepção criticista e positivista do mundo, entendendo-se com isso aquela direção da filosofia e da ciência que parte do positivismo, ou seja, do dado, do perceptível, da experiência, que pode sempre mudar e que muda e incessantemente recusa, portanto, a idéia de um absoluto transcendente a essa experiência. A essa oposição entre filosofias do mundo corresponde uma oposição entre teorias dos valores, especialmente entre atitudes políticas fundamentais. À concepção metafísico-absolutista está associada uma atitude autocrática, enquanto à concepção crítico-relativista do mundo associa-se uma atitude democrática. O relativismo é a concepção do mundo suposta pela idéia democrática".[14]

Enquadrando nesta metafísica os princípios religiosos, acentua David Hume que a intolerância resultante desta postura "foi provavelmente a origem de todas as guerras e dissensões religiosas", originando "um espírito de perseguição que a partir de então tem sido o veneno da sociedade humana e fonte das mais inveteradas facções em todos os governos".[15]

A democracia pede, em síntese, a aceitação da diferença, o respeito à opinião distinta, livremente formada e expressada, devendo reservar o mesmo espaço a cada postura distinta, para que fique aberta a possibilidade de confronto dialético capaz de encontrar, não a verdade nem a certeza, mas o consenso, pois "la maniére dont l'AUTRE est construit exige le recours à quelques fondementes de l'interdiscursivité".[16]

---

[14] KELSEN, Hans. *A democracia*. São Paulo: Martins Fontes, 1993. p. 106.
[15] HUME, David. *Investigação acerca da racionalidade humana*. São Paulo: Nova Fronteira, 1998. p. 34.
[16] ROSSI, Adeloir. *"Démocrates" électoralistes et le sommeil du Leviathan: en exercice d'analyse du discours politique*. Curitiba: HD Livros Editora, 1995. p. 28.

As verdades são muito mais perigosas para a democracia do que as incertezas, pois esta torna-se "impossível se um ator se identifica com a racionalidade universal e reduz os outros à defesa de sua identidade particular", como sublinha Alain Tourraine.[17] A democracia, no que lhe é mais característico, pode ser definida como o exercício dialético da busca do consenso, sendo claro que "Nenhum homem honesto está autorizado a supor que uma diretriz seja melhor do que outra; tudo o que pode dizer é que acredita que uma é melhor",[18] como afirma Sir. Ivor Jennings.

1.1 A democracia

Quando se fala em democracia, é fundamental precisar de que modelo se cogita, pois ao longo da história vários arquétipos se seguiram, seja como forma de governo, seja como forma de Estado.

---

[17] TOURAINE, Alain. *Que es la democracia?* Buenos Aires: Fondo de cultura economica de Argentina, 1995. p. 201. No mesmo sentido segue ainda Kelsen para quem: "A democracia julga da mesma maneira a vontade política de cada um, assim como respeita igualmente cada credo político, cada opinião política cuja expressão, aliás, é a vontade política. Por isso a democracia dá a cada convicção política a mesma possibilidade de exprimir-se e de buscar conquistar o ânimo dos homens através da livre concorrência. Por isso, o procedimento dialético adotado pela assembléia popular ou pelo parlamento na criação das normas, procedimento esse que se desenvolve através de discursos e réplicas foi oportunamente reconhecido como democrático. O domínio da maioria, característico da democracia, distingue-se de qualquer outro tipo de domicílio não só porque, segundo a sua ausência mais íntima, pressupõe por definição uma oposição — a minoria — mas também porque reconhece politicamente tal oposição e a protege com os direitos e liberdades fundamentais. Mas, quanto mais forte for a minoria, mais a política da democracia se tornará uma política de compromisso, assim como nada caracteriza melhor a filosofia relativista do que a sua tendência à conciliação entre dois pontos de vista opostos que tal filosofia não pode aceitar inteiramente e sem reservas nem negar de modo absoluto. A relatividade do valor, proclamada por determinada confissão política, a impossibilidade de reivindicar um valor absoluto para um programa político, para um ideal político — por mais que estejamos dispostos ao sacrifício para nosso triunfo e pessoalmente convictos dele — obriga imperiosamente a rejeitar o absolutismo político, quer se trate de uma casta de sacerdotes, de nobres ou de guerreiros, quer se trate de uma classe ou de um grupo privilegiado qualquer. Todo aquele que, na vontade e na ação políticas, puder invocar uma inspiração divina, uma luz supranatural, também poderá ter o direito de ficar surdo à voz dos homens e fazer prevalecer a própria vontade como vontade do bem absoluto, mesmo contra um mundo de adversários incrédulos e cegos. Por esse motivo, a palavra de ordem de ordem da monarquia cristã por graça divina podia ser "autoridade" mas não "maioria", palavra de ordem esta que se tornou a meta daqueles que defendem a liberdade intelectual, a ciência liberta das crenças em dogmas e milagres, fundada na razão humana e na dúvida da crítica, e que, politicamente, defendem a democracia" (KELSEN. *A democracia...*, op. cit., 105).

[18] JENNINGS, Sir Ivor. *A constituição britânica*. Brasília: UnB, 1981. p. 23.

22 | Fernando Gustavo Knoerr

Como regime de governo, o modelo democrático faz referência ao modo pelo qual o indivíduo exerce o poder político. Nessa linha, o governo pode ser entendido como o exercício institucionalizado do poder. Em relação à organização do Estado, o modelo democrático diz respeito aos modos pelos quais pode travar-se a relação indivíduo-poder, com especial destaque às formas de acesso ao exercício deste poder (descartado o governo).[19]

Na adjetivação da democracia tem-se um exemplo das hipóteses em que o adjetivo modifica o substantivo, consoante as formas que assumiu ao longo da História.[20]

1.1.1 A democracia grega

É característica da herança ateniense clássica tratar da democracia como forma de governo, formulando modelos de exercício do poder que devem ser sempre lidos à luz da lembrança das peculiaridades da sociedade ateniense da época, hierarquizada em castas, de modo que apenas os homens gregos tinham condições de participar, da *Ekklesia*, na *Ágora*.[21]

Como explica o Ministro Carlos Mário da Silva Velloso, vigia neste período da história grega "a democracia direta. À medida que o povo assim participava dos negócios do Estado, era livre. Convém registrar que a democracia direta dos gregos convivia com a escravidão. A liberdade na democracia direta dos gregos era de uma parcela do povo, apenas, já que a parcela maior era de homens escravos. A democracia grega era uma democracia minoritária, assim reproduzindo, registra Paulo Bonavides, o pensamento da G. W. F. Hegel, de que "o Oriente fora a liberdade de um só, a

---

[19] Nesse sentido a afirmação de Lucien Sfez, ao enfatizar que "L'Etat apparaît lorsqu'il existe une différence entre gouvernantes et gouvernés" (SFEZ, Lucien. Duguit et la théorie de l'Etat. *Archives de philosophie du droit*, Paris, n. 21, p. 115, 1967).

[20] A variabilidade do conceito de democracia é demonstrada em LIPPMANN, Walter. *Crépuscule des démocraties?* Paris: Fasquele Éditeurs, 1952.

[21] COULANGES, Fustel de. *A cidade antiga*. Rio de Janeiro: Ediouro, 1993. p. 176-178. No mesmo sentido: PESSANHA, José Américo Motta. *Sócrates*: os pensadores. São Paulo: Nova Cultural, 1999. p. 5.

Grécia e Roma a liberdade de alguns, e o mundo germânico, ou seja, o mundo moderno, a liberdade de todos".[22]

1.1.1.1 O modelo platônico

De nítida inspiração socrática, o modelo platônico é o primeiro a referir a democracia como forma de governo.

Platão constrói toda a sua teoria das formas de governo tomando por base a conjugação de dois critérios:[23]

a) *o quantitativo ou numérico*: refere o número de exercentes do poder;

b) *o idealismo (ou critério da base idealista)*: alude à virtude escolhida por cada alma, predispondo-a, conforme a virtude, ao exercício de certo ofício.

Nesta linha, a democracia platônica é o modelo ideal do governo de todos. É uma oniocracia.

Esta definição merece duas observações. Uma democracia definida como a vontade de todos somente tem lugar se adotada como modelo ideal, já que o governo do todo, absolutamente, não se realiza, por ser absolutamente inviável. Se é a vontade de todos, neste todo, para Platão, encontram-se reunidas almas que lograram alcançar a mais valorizada das virtudes (a sabedoria), outras que encontraram a coragem e a grande maioria, que apenas logrou revestir-se da virtude da concupiscência (a menos valorizada, porque mais distante do mundo do modelo ideal).

Daí, para Platão, a democracia ser o menos recomendado dentre os modelos ideais, sendo ainda uma forma de governo ideal porque o poder político é exercido em prol dos governados. A melhor dentre as formas ideais de governo é a monarquia, em que o exercício do poder seria colocado nas mãos de apenas um governante (*mono*= um, *arquia*= poder), que o exerceria sem limites, e estes sequer seriam necessários, pois estaria inspirado em uma recordação mais clara do que vira no Hiperurânio, e justamente

---

[22] VELLOSO, Carlos Mário da Silva. A reforma eleitoral e os rumos da democracia no Brasil. In: *Direito eleitoral*. Belo Horizonte: Del Rey, 1996. p. 22-23.

[23] BOBBIO, Norberto. *A teoria das formas de governo*. 6. ed., Brasília: Edunb, 1992. p. 45-46.

por isso teria condições de ser um excelente governante. Pode-se dizer, não sem razão, que o melhor dos governos, para Platão, é o exercido por um bom déspota.

É constatável, destarte, que o pessimismo que tão bem marca a filosofia idealista platônica também se alastra para suas incursões políticas, aparecendo como lastro de sua definição de democracia.

1.1.1.2 O modelo aristotélico

O mesmo já não se vê em Aristóteles que, também por influência platônica,[24] serve-se de dois critérios na formulação de sua teoria das formas de governo,[25] a saber:

a) *o critério quantitativo ou numérico*: no que repete Platão para fazer alusão ao número de exercentes do poder;

b) *o critério financeiro ou da capacidade econômica*: faz alusão à maior ou menor riqueza daqueles que exercem o poder.

Neste viés, a democracia aristotélica já não é o governo de todos, mas da maioria (pois também já não é mero modelo ideal, mas plenamente realizável); de uma maioria que não é nem tão rica e nem tão pobre (uma certa noção de classe média) e que, justamente por isso, tem condições de, em governando, satisfazer as pretensões da maioria (ela mesma) e ainda de partes das minorias.

A democracia aristotélica é uma boa forma de governo (governo da maioria para a maioria) sendo ainda a mais estável dentre as formas de governo que elenca.

Aristóteles já detecta com notável sensibilidade, o problema crônico de todas as democracias, que é a dificuldade de harmonizar os interesses, por vezes opostos, de maiorias e minorias.

---

[24] Sua teorização sobre este tema encontra-se em seus escritos Exotéricos (aqueles produzidos enquanto ainda pertencia à academia).

[25] A teoria das formas de governo de Aristóteles consta de seus escritos exotéricos, formulado quando ainda pertencia à academia platônica, razão pela qual encontram-se fortemente impregnados pela teoria de seu mestre de então. Neste sentido: MONCADA, Luís Cabral de. *Filosofia do direito e do Estado*. 2. ed., Coimbra: Coimbra Editora, 1995. p. 33.

1.1.2 A democracia moderna

Justifica-se a passagem da explanação sobre o modelo grego diretamente para a análise dos paradigmas que a modernidade ofereceu em função da constatação de que no período que medeia estas épocas, muito pouco se falou sobre democracia.

Muito pouco porque o último suspiro de teorização sobre a democracia, sem dar-lhe relevo, ubica-se na teoria de Políbio (historiador grego que migrou para Roma), que trata de dissolvê-la como um dos matizes de seu modelo de governo misto.[26]

A civilização romana, de escassa teorização política, voltou-se à exploração do modelo republicano de aristocracia senatorial, na letra de Cícero,[27] seu maior teórico político, inspirado num misto de estoicismo e aristotelismo.

Por sua vez, o Teocentrismo voltou-se a enfatizar unicamente o modelo monárquico, seja no protótipo escolástico de Rei-Cristão, seja na fundamentação da Teoria do Poder Divino dos Reis, enfatizada n'*O patriarca*, de Robert Filmer.[28]

1.1.2.1 A república de Jean Bodin

Já de início convém frisar que o modelo de república de Jean Bodin não se confunde, porque sequer assemelhado é, com o da república de Platão, pois, enquanto esta centra-se em uma igualdade material, que reserva a cada homem um ofício, uma profissão, consoante a virtude que sua alma teve condições de escolher no Hiperurânio, aquela trata de primar a adoção da igualdade formal como critério da titularização do poder[29] pelas famílias.

---

[26] BOBBIO. *A teoria...*, op. cit., p. 65-73.
[27] LOPES, José Reinaldo Lima. *O direito na história*. São Paulo: Max Limonad, 2000. p. 47-50.
[28] TRUYOL Y SERRA. *História...*, op. cit., p. 228. v. 2.
[29] Termo empregado em atenção à ressalva de Georges Burdeau, segundo a qual "Seulement si le Pouvoir fournit ainsi un critère comode pour identifier le politique, il faut bien avouer que cette commodité est due au fait que le Pouvior est un phénomène extrêmement complexe dont on rencontre presque partout, dans la vie sociale, des manifestations trés différentes. Lors donc que l'on parle de Pouvoir, on utilize un terme, non pas ambigu sans doute, mais tellement simplificateur qu'il est indispensable de bien évaluer toute la richesse des phénomènes qu'il inclut" (BURDEAU, M. Georges. *Cours de méthode de la science politique*. Paris: Les Cours de Droit, 1958. p. 122).

O tratado seminal *De la république*, considerado a *summa* jurídico-política do século XVI, deixa para a modernidade a consagração do conceito de república centrado na diferença entre titularidade e exercício da soberania, como o consagram várias das constituições ocidentais, a exemplo da brasileira, quando prevê no parágrafo único de seu artigo 1º que "Todo o poder emana do povo, que o exerce por meio de representantes eleitos ou diretamente, nos termos desta Constituição".

No conceito clássico de Jean Bodin, república "é o reto governo de famílias (*ménages*), e daquilo que lhes é comum, com poder soberano".[30] A referência às famílias faz despontar, ainda no Racionalismo de Jean Bodin, um traço da estrutura social medieval, centrada na família, pois o individualismo burguês ainda não havia aflorado com a intensidade que tempos depois o caracterizará — reúnem-se em torno e um certo bem comum.[31]

Estas famílias, assim agrupadas, entregam o exercício, e apenas o exercício, do poder (soberania) ao soberano, em quem reconhecem a virtude para governar.[32]

Por decorrência lógica, quem recebe apenas o exercício do poder já o recebe limitado (e a soberania de Jean Bodin é absoluta, mas limitada), pois não poderá exercê-lo contra o real interesse de seus titulares. Esta é a primeira característica da república, a limitação ínsita ao exercício do poder.

Não é por outra razão que Geraldo Ataliba define república como o regime político em que os exercentes de funções políticas representam o povo e decidem em seu nome, fazendo-o com responsabilidade, eletivamente e mediante mandatos renováveis periodicamente. São, assim, características da república a eletividade, a periodicidade e a responsabilidade. A eletividade é o instrumento da representação. Por esta razão, o mandato passa a

---

[30] TRUYOL Y SERRA. *História*..., op. cit., p. 136. v. 2.

[31] Esta afirmação leva a recordar a noção agostiniana de cidade, como sendo a "reunião de homens em torno daquilo que amam" (TRUYOL Y SERRA. *História*..., op. cit., p. 219. v. 2).

[32] Termo utilizado no sentido em que o emprega Maquiavel, quando alude a *virtú*. MAQUIAVEL, Nicollo. *O príncipe*. Curitiba: Juruá, 2001.

Bases e perspectivas da reforma política brasileira | 27

ser o instituto central de todas as preocupações doutrinárias e de todas as questões práticas, postas no cerne desta problemática.[33]

A segunda característica é a de que as famílias são titulares do poder na mesma proporção, não havendo qualquer diferença na parcela de poder que titularizam ou que entregam ao soberano para exercício. A titularidade do poder, pelas famílias, uniformiza-se num padrão de igualdade formal.

Claro está na teoria bodiniana que o Estado não é resultado natural da condição humana, como era a *societas civilis* do modelo aristotélico, correspondente à natureza social do homem (*politikon zoon*). O Estado é criado mediante a vontade concordante de todo tácita, como na teoria de Jean Bodin, ou afirmada mediante um contrato, como demonstrado mais tarde por Thomas Hobbes, John Locke, Barão de Montesquieu, Jean-Jacques Rousseau e Emmanuel Kant. Nessa cadência, o Estado, ensina Antonio Carlos Wolkmer, "configura-se como uma organização de caráter político que visa não só a manutenção e coesão, mas a regulamentação da força em uma formação social determinada. Esta força está alicerçada, por sua vez, em uma ordem coercitiva, tipificada pelo invólucro jurídico. O Estado legitima seu poder pela eficácia e pela validade oferecida pelo direito, que, por sua vez, adquire força no respaldo proporcionado pelo Estado".[34]

Como observa Norberto Bobbio, "a diferença repousa no fato de que, enquanto a *societas civilis* do modelo aristotélico é sempre uma sociedade natural, no sentido de que corresponde perfeitamente à natureza social do homem (*politikon zoon*), a mesma *societas civilis* do modelo hobbesiano, na medida em que é a antítese do estado de natureza e é constituída mediante acordo dos indivíduos que decidem sair do estado de natureza, é uma sociedade instituída ou artificial (o *homo artificialis* ou a *machina machinarum* de Hobbes). Mas nada prova melhor a vitalidade e a longevidade desta expressão do que a constatação de seu uso concordante, tanto em contextos nos quais o contratermo é a família quanto em contextos

---

[33] ATALIBA, Geraldo. *República e Constituição*. 2. ed., São Paulo: Malheiros, 1998. p. 102.
[34] WOLKMER, Antonio Carlos. Sociedade, Estado e o direito. *Revista de Ciência Política*, Rio de Janeiro, v. 26, n. 3, p. 44, set./dez. 1983.

nos quais o contratermo é o estado de natureza. No primeiro caso inclui-se um típico representante do modelo aristotélico, para o qual o Estado é um fato natural, como Jean Bodin: 'o Estado (*république* ou *res publica*) é a sociedade civil que pode subsistir por si só sem associações ou organismos, mas não sem família".[35]

O fortalecimento do racionalismo empirista dará gênese ao contratualismo, responsável por afirmar que o Estado foi criado pela vontade conjunta de todos os homens, manifestada num acordo (o *pactum subjectionis* de Thomas Hobbes ou o *pactum unionis* de John Locke) que, prefigurado apenas para fins retóricos (já que nenhum contratualista, à exceção de Giambattista Vico,[36] se preocupa em localizá-lo historicamente), tem por fim eliminar as adversidades do estado primitivo, dando gênese ao Estado como ente político. Uma vez celebrado o contrato, "no lugar da pessoa particular de cada contratante, este ato de associação produz um corpo moral e coletivo, composto de tantos membros como a assembléia de votantes, o qual recebe deste mesmo ato uma unidade, seu eu comum, sua vida e sua vontade. Esta pessoa pública que se forma assim pela união de todas as outras, recebeu o nome de cidade e agora recebe o de república ou de corpo político, chamado por seus membros Estado, quando é passivo; soberano, quando é ativo; poder, comparando-o com seus semelhantes".[37]

Pelo contrato, à exceção da estrutura que lhe dá Thomas Hobbes no Leviatã,[38] os homens criam o Estado, tratando sempre de limitar o poder cujo exercício lhe foi entregue, como ensina James Madison ao observar que "uma vez que o povo é a única fonte legítima do poder, sendo dele que provém a carta constitucional, segundo a qual se distribuem os poderes dos diferentes ramos do governo, parece perfeitamente consonante com a teoria republicana recorrer-se à mesma autoridade original, não apenas quando for necessário ampliar, reduzir ou remodelar o poder do governo,

---

[35] BOBBIO, Norberto. *Estado, governo e sociedade.* 7. ed., São Paulo: Paz e Terra, 1999. p. 45.

[36] Para Vico, este período se situa logo após a baixa das águas do dilúvio bíblico. Neste sentido: TRUYOL Y SERRA. *História...*, op. cit., p. 268. v. 2.

[37] ROUSSEAU, Jean-Jacques. *O contrato social.* 3. ed., São Paulo: Edições e Publicações Brasil, 1969. p. 20-21.

[38] BOBBIO, Norberto. *Thomas Hobbes.* 4. ed., Rio de Janeiro: Campus, 1991. p. 46-47.

mas também sempre que qualquer dos três ramos possa invadir as atribuições dos outros. Os diferentes poderes, sendo perfeitamente coordenados pelos termos de sua missão comum, é evidente que nenhum deles poderá pretender um direito exclusivo ou superior de estabelecer os limites entre as respectivas atribuições; e de que modo poderão ser evitadas as usurpações do mais forte ou corrigidas as falhas do mais fraco sem recorrer ao próprio povo que, na qualidade de outorgante da delegação, é quem pode interpretar seu verdadeiro sentido e exigir sua observância?"[39]

Não é por outra razão que Jean-Jacques Rousseau mais tarde chamou de "república, a todo Estado regido por lei, qualquer que seja sua forma de administração, porque somente então, é que o interesse público governa e a coisa pública representa algo. Todo governo legítimo é republicano".[40]

1.1.2.2 O liberalismo político inglês

Com efeito, é historicamente constatável que o fato de a Grã-Bretanha sediar-se numa ilha, distanciando-a (na época) do que se passava na Europa continental, permitiu-lhe seguir um caminho histórico bastante diferente, inédito na maioria das vezes. Winston Churchill chegou a referi-la, por esta razão, como "a ilha perdida".[41]

Livrando-se do jugo católico, no rompimento com Roma levado a termo por Henrique VIII, enquanto grande parte da Europa continental ainda estava atrelada às determinações do Santo Ofício, os ingleses conseguiram trazer para suas mãos o pleno controle político de seu Estado.

Deposto o absolutismo dos Stuarts e superado o breve período de uma república cruel (a república de Oliver Cromwell), o êxito da Revolução Gloriosa (1688/1689) implantou na Inglaterra a monarquia constitucional dos Orange.[42]

---

[39] MADISON, James et al. *O federalista*. Brasília: Edunb, 1984. p. 407.
[40] ROUSSEAU, op. cit., p. 46-47.
[41] CHURCHILL, Winston S. *História dos povos de língua inglesa*. São Paulo: Ibrasa, 1960. p. 41. v. 2.
[42] CHURCHILL, op. cit., p. 241 et seq.

Como frisa Sir Ivor Jennings, "a liberdade civil e a religiosa chegaram à Grã-Bretanha como uma lição retirada de experiências amargas. Foi primeiro a lição aprendida na esfera da liberdade religiosa, embora as liberdades religiosa e política não pudessem então ser claramente distinguidas. Aqueles que acreditam haver encontrado a verdade, e aqueles que desprezam haver almas em perigo de condenação eterna podem racionalmente acreditar como seu dever caracterizar nossa heresia".[43]

Desta constatação, a teoria de David Hume serve como elucidativo exemplo ao demonstrar que da ruptura com a Igreja Católica "decorreu naturalmente grande veemência nas discussões, quando a religião cristã veio a cindir-se em novas divisões e heresias; e esta veemência ajudou os sacerdotes em sua política de provocar um mútuo ódio e antipatia entre seus iludidos seguidores. No mundo antigo as seitas filosóficas eram mais fervorosas do que os partidos religiosos, mas nos tempos modernos os partidos religiosos são mais furiosos e enraivecidos do que as mais cruéis facções que jamais tiveram origem no interesse ou na ambição".[44]

Como primeiro modelo de Estado estruturado ao longo da história, a construção liberal inglesa irrompe como conseqüência direta do racionalismo burguês, dando ênfase a um individualismo marcado por um forte apego à proteção da liberdade, decorrente da sedimentação da Constituição. Para Sir Ivor Jennings, "A liberdade civil é tão fundamental que sua descrição pode ser tomada quase como erudita [...] A ênfase é diretamente posta nas leis e instituições que protegem a liberdade nesse país. O que menos freqüentemente se entende é que a liberdade é conseqüência não das leis e instituições, mas de uma atitude de espírito. As leis podem cair e as instituições corromper-se. Um povo pode ser violentamente escravizado, mas não 'forçado a ser livre'. Torna-se livre porque deseja sê-lo, e assim permanece porque pretende".[45]

É inegável, no entanto, e disto a própria *Magna Charta* fora um sinal, que a história do povo inglês marca-se fortemente

---

[43] JENNINGS, op. cit., p. 140.
[44] HUME, op. cit., p. 278.
[45] JENNINGS, op. cit., p. 140.

Bases e perspectivas da reforma política brasileira | 31

pelos conflitos contra o Rei e sua religião, motivados pela defesa da propriedade e da liberdade. A liberdade civil de há muito já vinha se delineando, até culminar na eclosão da Revolução Gloriosa (1688-1689) e no produto direto de seu êxito: a instauração da monarquia constitucional.

A base do exercício do modelo de Estado Liberal derivado da matriz de John Locke é a *trusteeship* (relação de confiança),[46] que se faz sentir tanto na outorga de poderes do povo aos mandatários no Poder Legislativo (donde deriva o instituto do mandato livre), quanto na que o próprio Poder Legislativo deposita em mãos do Poder Executivo, no que toca à escolha e controle do Primeiro Ministro.[47]

Nesse sentido, afirma Sir Ivor Jennings que "um amplo direito de voto não é o único teste de democracia. Tudo depende de como, e para quem se permite aos eleitores votarem. Os fatores fundamentais da democracia britânica residem em que o caráter do Governo britânico depende basicamente dos resultados da última eleição geral, em que deve haver uma eleição geral pelo menos uma vez a cada cinco anos (exceto em tempo de guerra), e em que os eleitores têm uma escolha exercida livre e secretamente entre candidatos rivais advogando políticas rivais. Tais fatos são significativos em si mesmos; diferenciam a democracia britânica da assim chamada 'democracia popular' dos países comunistas, e dos sistemas autocráticos e outros Estados autoritários. São muito mais importantes em suas conseqüências. O governo permanece, ou cai, pelo resultado de uma eleição geral".[48]

A lei, em sentido político, deverá ter por conteúdo a vontade da nação, assim expressada por seus mandatários. Não há, contudo, vontade da nação antes que os mandatários a expressem. "A responsabilidade ministerial perante a Câmara dos Comuns constitui, assim, meio de garantir que o governo esteja em sintonia

---

[46] *Trust* é um conceito que não se limita à conformação da relação política, mas também da relação jurídica, em ideia que pode ser adotada com equivalente à da boa-fé, como fundamento de lealdade (DAVID, René. *O direito inglês*. São Paulo: Martins Fontes, 2000. p. 99-100).

[47] TRUYOL Y SERRA, op. cit., p. 233. v. 2.

[48] JENNINGS, op. cit., p. 8.

32 | Fernando Gustavo Knoerr

com a opinião do povo".[49] Os mandatários, em síntese, constroem a vontade da nação, pondo-a como regra e barreira, a uma só tempo, do exercício do poder político.

Ao indivíduo será permitido fazer tudo que a lei não previr como crime (e crime, para John Locke, conceitua uma ofensa a um direito natural), enquanto que o Poder Executivo (o poder de execução da pena) apenas poderá atuar nos estritos limites em que a lei o permitir, balizado pela proporcionalidade da suficiência ao exercício da adequada punição. Insinua-se a enunciação do princípio da legalidade.

A teoria contratualista de John Locke conduz à defesa da autonomia privada, cristalizada no direito à vida, à liberdade e à propriedade,[50] influenciando decisivamente a teoria liberal dos direitos fundamentais, que os considerou como direitos de defesa do cidadão frente ao Estado, criando áreas reservadas à autonomia privada (*staatsfreie Sphäre*), nas quais não se admite qualquer invasão pelo Poder Público.[51]

Reconhece-se ao indivíduo uma liberdade negativa,[52] afirmada na exceção da lei.[53] Está sublinhado o traço de distinção entre a liberdade antiga e a moderna.[54]

Trata-se, como sublinha José Joaquim Gomes Canotilho, de uma "*Freiheit in se* e não *Freiheit in zu*, isto é, liberdade em si e não liberdade para qualquer fim (ex.: liberdade para a defesa da ordem democrática, liberdade a serviço do socialismo)".[55]

---

[49] JENNINGS, op. cit., p. 106.

[50] RIVERO, Jean. *Les libertés publiques*. 3. ed., Paris: Presses univesitaires de France, 1977. p. 19. v. 2.

[51] JULIOS-CAMPUZANO, Alfonso de. *El mapa fragmentado del pensamiento liberal*: Hayek, Rawls, Nozick. Madrid: *Revista de las cortes generales*, 1999. p. 42.

[52] Assim referida por TOURRAINE, Alain. *Crítica da modernidade*. 4. ed., Petrópolis: Vozes, 1997. p. 346-347

[53] KUNTZ, Rolf. *Locke, liberdade, igualdade, propriedade*. São Paulo: EDUSP, 1998. p. 99.

[54] Neste sentido, Nelson Nogueira Saldanha demonstra que "entre os antigos, o indivíduo era soberano quanto à coisa pública e escravo nas relações privadas; entre os modernos, o indivíduo é soberano na vida privada e não, malgrado as aparências, no tocante ao Estado" (SALDANHA, Nelson Nogueira. Liberdade moderna e história da liberdade. *Revista de Ciência Política*, Rio de Janeiro, v. 2, n. 3, p. 105, 1968).

[55] CANOTILHO, José Joaquim Gomes. *Direito constitucional*. 5. ed., Coimbra: Almedina, 1991. p. 517.

O que se pede, na verdade, é que esta sintonia se estabeleça com os anseios do povo medianamente sentidos pelos parlamentares, sem se buscar uma correspondência exata com o que cada eleitor pretende, sob pena de, incorrendo-se nas mais variadas pretensões e tendências, não se encontrar homogeneidade no Parlamento a ponto de permitir constituir uma maioria de apoio governamental.[56] Uma maioria, aliás, que faculte a própria atuação governamental. Por isso os parlamentares, no modelo de John Locke, devem ser representantes da nação, e não do pequeno (pequeno em relação ao todo da nação) grupo de seus eleitores, dos quais devem desvincular-se.

O elemento de confirmação de que certamente a vontade do povo está se fazendo presente é o concerto da maioria, sendo claro que "O governo administra porque dispõe de maioria na Câmara dos Comuns. Possui essa maioria porque o partido que lidera garantiu a maioria de assentos na última eleição geral. Os partidos não constituem meras organizações de campanha eleitoral, como tendem a ser no Canadá e nos Estados Unidos, mas se fundam verdadeiramente em princípios políticos competitivos. Ao preferirem um partido a outro, portanto, os eleitores preferem um governo a outro e uma diretriz a outra".[57]

A escolha do partido que terá a maioria nas eleições para o Parlamento é a escolha do modo de governar.

1.1.2.3 O paradigma norte-americano

Os ideais políticos consagrados pelo empirismo inglês como marca do Iluminismo, somados à forte influência dos princípios calvinistas,[58] encontraram campo fértil no pragmatismo anglo-saxão, que veio a pô-los em prática nas colônias inglesas da América do Norte, quando, em 21 de novembro de 1620 (que, em verdade,

---

[56] "Le législatif doit donc régler la maniére dont les forces de l'État seront employées pour la conservation de la societé et de ses membres. Il est établi par la première et fondamentale loi positive de tout État" (VALETTE, Jean-Paul. Le pouvoir chez John Locke. *Revue du Droit Public*, Paris, n. 1, p. 105, jan./fev. 2001).

[57] JENNINGS, op. cit., p. 135.

[58] HELLERN, Victor et al. *O livro das religiões*. São Paulo: Cia. das Letras, 2000. p. 202-206.

era 11.11.1620, pois ainda utilizavam o calendário juliano), os imigrantes (*pilgrins*) ingleses que vieram a bordo do *Mayflower* subscreveram um contrato (*Mayflower compact*) segundo o qual "em presença de Deus e uns para com outros", avençaram constituir "juntos num corpo civil e político", para "ditar, constituir e conceber justas e equitativas leis, ordenações, decisões, constituições e administrações, (...), conforme seja bom e conveniente para o bem geral da colônia, às quais todos aqui juramos submissão e obediência".[59]

A inspiração contratualistas do *Mayflower compact* soou forte na doutrina do *quaker* Willian Penn, que, destacado como árduo defensor da liberdade de consciência, inspirou a elaboração de outras cartas régias, tais como a de Maryland (1632), a de Rhode Island (1647), que passaram a ter caráter geral com a adesão das demais colônias que, ao conseguirem a independência, as acolheram em suas Declarações de Direitos (*Bill of Rights*),[60] como o fez a de Virgínia, em 12 de junho de 1776.

Por sua vez, o *Bill of Rights* da Virgínia acata expressamente a ideia lockiana — sediada em seu modelo de estado natural — consagradora da liberdade natural e da titularização de direito inatos (*inherent rights*), reconhecidos ao homem de modo irrevogável. Reserva-se ao Estado criado por meio do contrato o dever de tutela da vida e da liberdade por meio da aquisição e posse da propriedade, sustentando a realização de valores como liberdade, felicidade e segurança.[61]

A teoria lockiana deixa ainda sua marca no monarquismo característico do presidencialismo inaugurado pela experiência americana, fortemente limitado pelas prerrogativas reconhecidas ao Parlamento mediante a engenharia do sistema de *checks and balances*, que começa a se delinear.[62]

---

[59] TRUYOL Y SERRA. *História...*, op. cit., p. 237. v. 2.
[60] TRUYOL Y SERRA. *História...*, op. cit., p. 238. v. 2.
[61] TRUYOL Y SERRA. *História...* op. cit., p. 334. v. 2.
[62] VASCONCELOS, Pedro Carlos Bacelar de. *A separação dos poderes na Constituição Americana*: do veto legislativo ao executivo unitário, a crise regulatória. Coimbra: Coimbra Editora, 1994. p. 24.

O fato de os Estados Unidos serem um país de imigrantes que aportaram no Novo Continente já solidamente inspirados nos postulados do individualismo liberal de índole contratualista naturalmente conduziu à estruturação de um sistema partidário que privilegia os interesses locais, não sendo sequer possível falar-se de uma ideologia uniformemente perfilada pelo partido em todo o território nacional. Incumbe à liderança local do partido definir, à vista dos interesses regionalizados, qual a ideologia e a linha de ação de seu partido.

A feição do partido altera-se, de região para região, ao sabor das opções de seus líderes.

Como afirmou Will Rogers, membro da *house of represen-tatives*, "Não pertenço a um partido político organizado. Sou Democrata".[63]

O personalismo que tão bem caracterizou os partidos de quadros ainda remanesce como traço acentuado dos partidos americanos, ainda que se possa classificá-los como partidos de massa.

Este privilégio político dos interesses locais, reforçado pelo sistema eleitoral de prévias, conserva os Estados Unidos como "um país de minorias. Não existe uma maioria forte que possua uma motivação comum de que falou Madison".[64]

O reflexo desta conjuntura conduz à estruturação de um Congresso que deverá ser impulsionado pela vontade da maioria, sem jamais eliminar a possibilidade de participação das minorias, ou, ainda, sem que aquela possa prejudicá-los indelevelmente. A maioria não poderá, em síntese, falar em nome do todo, obstando de forma definitiva a realização das pretensões políticas da minoria.

No legislativo norte-americano, cada uma das câmaras tem competência para decidir a respeito da votação, das qualificações e até mesmo da conduta moral de seus respectivos membros, manifestando-se sempre por maioria, padrão de *quorum* para seus trabalhos.

As Câmaras têm autoridade para obter informações que podem culminar numa ação mais severa, podendo, por vezes, a

---

[63] DUAILIBI, Roberto. *Dualibi das citações*. São Paulo: Mandarim, 2000. p. 346.
[64] FINER, Samuel. *Governo comparado*. Brasília: Edunb, 1981. p. 176.

partir de suas comissões, ouvir testemunhas, exigir respostas de seus integrantes, podendo, ao final, aplicar penas de suspensão, de cassação de mandato ou até mesmo recusar-lhes a posse.[65]

Também os eleitores têm condições de policiar o exercício do mandato mediante o uso do *recall*, uma instituição genuinamente norte-americana segundo a qual um certo número de eleitores pode requerer uma consulta à opinião do eleitorado sobre a manutenção ou a revogação do mandato. Os requerentes devem caucionar o *recall* com um depósito em dinheiro, sendo facultado ao exercente do mandato em questionamento estampar sua defesa na própria cédula distribuída aos eleitores.

A par de previsões inscritas no regimento interno de cada Casa, o Congresso "pode impor inabilitações por motivos justificados pelo julgamento comum da humanidade". Em 1900, a Câmara dos Deputados excluiu um Deputado de Utah como "violador notório, desmoralizado e audacioso das leis estaduais e federais relativas à poligamia e crimes conexos",[66] enquanto, em 1928, recusou o Senado posse a um Senador eleito de Illinois, sob o fundamento de que "a aceitação, de sua parte, de certas quantias para sua campanha eleitoral fora 'contrária à sã política, prejudicial à dignidade do Senado, perigosa para a perpetuidade do governo livre' e tingira suas credenciais 'de fraude e corrupção".[67]

Segundo classificação tecida por Robert A. Dahl, o paradigma norte-americano comporta dois outros, classificados conforme a amplitude do resguardo da participação das minorias.

1.1.2.3.1 O paradigma da democracia madisoniana

Robert A. Dahl, alertando para o fato de que "não há uma teoria democrática, ou de democracia — mas várias",[68] separa o

---

[65] CORWIN, Edward S. *A Constituição Norte-Americana e seu significado atual*. Rio de Janeiro: Jorge Zahar Editor, 1986. p. 29.

[66] WOODBURN, J. A. *The american republic anits government*. Nova Iorque, 1903. p. 247. Apud CORWIN, op. cit., p. 28.

[67] HIND'S. Joel. *Precedents of the house of representatives*. Washington: Library, 1907. p. 17.

[68] DAHL, Robert A. *Um prefácio à teoria democrática*. Rio de Janeiro: Jorge Zahar Editor, 1989. p. 9.

que apelida de modelo madisoniano, para fazer alusão à teoria concebida n'*O federalista* como "um esforço para se chegar a uma acomodação entre o poder das maiorias e o das minorias, entre a igualdade política de todos os cidadãos adultos, por um lado, e o desejo de lhes limitar a soberania, pelo outro".[69]

Na análise crítica dos alicerces deste modelo, constrói, como segunda condição de realização deste modelo, que "as facções devem ser controladas de tal maneira que não possam agir de forma contrária aos direitos dos demais cidadãos ou aos interesses permanentes e comuns da comunidade".[70]

Por facções, Robert A. Dahl faz referência precisamente às maiorias, retirando destas, não obstante o privilégio da vontade que expressam, na maioria dos modelos democráticos, a prerrogativa de exclusão das minorias, já que estas se encontram, englobadas na noção de "interesses permanentes e comuns da comunidade".

Na democracia madisoniana, trata-se de perseguir o estabelecimento de uma certa igualdade material, centrada no fortalecimento das minorias, mormente pela via institucional, como meio de equacionar diferenças e de eliminar a angústia do homem médio, "que deseja estabilidade e segurança e sente-se muitas vezes impotente diante do poder da massa, com freqüência qualitativamente mais poderosa, que domina pelo número, as decisões".[71]

1.1.2.3.2 O paradigma da democracia populista

É apresentado por Robert A. Dahl como sendo a que realiza a apologia das maiorias, enquadrando, como exemplar, o modelo Rousseauniano ao colher d'*O contrato social* a clássica afirmação segundo a qual "há apenas uma lei que, por sua própria natureza, necessita de consentimento unânime. Este é o contrato social. À parte esse contrato primitivo, o voto da maioria obriga moralmente a todos os demais [...] Pressupõe isto, na verdade, que todas as

---

[69] DAHL, op. cit., p. 9.

[70] DAHL, op. cit., p. 37-38.

[71] CAVALCANTI, Themístocles Brandão. A democracia como sistema político. *Revista de Ciência Política*, São Paulo, v. 1, n. 1, p. 47, jan./mar. 1968.

38 | Fernando Gustavo Knoerr

qualidades da vontade geral residam na maioria; quando elas deixam de fazê-lo, qualquer que seja o partido que um homem possa tomar, não é mais possível a liberdade".[72]

Contudo, o privilégio da vontade da maioria não é característica privativa da construção teórica francesa,[73] pois a experiência norte-americana, inspirada no modelo lockiano, também se estrutura com assento nesta diretriz. Como afirmou Abraham Lincoln, em seu primeiro discurso de posse, proferido em 04 de março de 1861: "a unanimidade é impossível o governo de uma minoria, como arranjo permanente, é inteiramente inadmissível; de modo que, rejeitando-se o princípio da maioria, a anarquia ou o despotismo sob alguma forma são tudo o que resta".[74]

Alexis de Tocqueville chega a afirmar que "a própria essência do governo democrático consiste na soberania absoluta da maioria; isto porque nada há nos estados democráticos que a possa resistir",[75] descartando enfaticamente qualquer outra possibilidade de regime democrático.

Thomas Jefferson equipara esta forma de democracia à república, conferindo a ambas a característica da expressão da vontade do todo sempre pela maioria: "o primeiro princípio do republicanismo é que a *lex-majoris partis* é a lei básica de todas as sociedades de indivíduos de iguais direitos; considerar a vontade da sociedade expressa pela maioria de um único voto, tão sagrado como se unânime, é a primeira de todas as lições em importância [...]".[76]

---

[72] Apud DAHL, op. cit., p. 67

[73] Devem ser devidamente apartados, sob pena de comprometimento da coerência da exposição, os conceitos de minoria e de oposição, pois entre ambos não há identidade, não obstante possam por vezes despontar em conjunto numa mesma realidade. Bem ensina Hugues Portelli que "Les États dans lesquelles il y a un statut de l'opposition sont relativement peu nombreux car, hormis le Royaumme-Uni, la plupart des États connaisent un système électoral proportionnel qui fractionne la représentation: il n'y a donc pas toujours d'opposition mais des minorités, qui ne sont pas dans le même type de rapport avec la majorité gouvernementale. Il faut donc distinguier minorité et opposition" (PORTELLI, Hugues. La majorité et l'opposition. *Revue du Droit Public*, Paris, p. 1643, 1999).

[74] SANDBURG, Carl. *Lincoln*. Belo Horizonte: Itatiaia, 1960. p. 341.

[75] TOCQUEVILLE, Alexis de. *A democracia na América*: sentimentos e opiniões. São Paulo: Martins Fontes, 2000. p. 114.

[76] BELOFF, Max. *Jefferson e a democracia americana*. Rio de Janeiro: Jorge Zahar Editor, 1964. p. 197.

Bases e perspectivas da reforma política brasileira | 39

Tais postulados dos governos democráticos colidem com a visão madisoniana, sendo de se constatar que o poder ilimitado das maiorias tem-se acompanhado da tentativa de impor-lhes alguma restrição, pois, como recorda José Joaquim Gomes Canotilho, "o direito da maioria é sempre um direito em concorrência com o direito das minorias com o conseqüente reconhecimento de estas se poderem tornar maiorias".[77]

É de se ver, nessa medida, que o modelo madisoniano busca estabelecer uma república não tirânica, como objetivo a ser ampliado, enquanto a teoria populista busca orientar-se pela soberania popular e pela igualdade política.

A identificação da realização do modelo de democracia populista sugere características que seriam, em sua execução, bastante significativas, como separadas por Robert A. Dahl: "1) em todas as ocasiões em que se julguem existirem opções de política, a alternativa selecionada e feita cumprir como política pública é a mais preferida pelos seus membros; 2) em todos os casos em, que se considera que há opções de política, no processo de seleção da alternativa que será feita cumprir como política pública, à preferência de cada membro é atribuído um valor igual; 3) a Regra: na escolha de alternativas, a preferida pelo maior número é a escolhida".[78]

1.1.2.4 A construção francesa

A frutificação das doutrinas liberais não se restringiu à experiência norte-americana. Também a França, inspirada em primeira mão em Montesquieu e Jean-Jacques Rousseau, chegando a Condorcet e Abade Sieyés, após a Revolução Burguesa de 1789, estampou em documentos oficiais os direitos naturais concebidos pela doutrina iluminista.

O primeiro e mais conhecido desses textos é a Declaração dos Direitos do Homem e do Cidadão (*Déclaration des Droits de*

---

[77] CANOTILHO, op. cit., p. 456.
[78] DAHL, op. cit., p. 68.

l'Homme et du Citoyen), de 26 de agosto de 1789, mantida, no cerne, pela Declaração dos Direitos do Homem e do Cidadão de 13 de junho de 1793, de inspiração jacobina.[79]

Escrito o *Espírito das leis* sob o pretexto de ser um comentário à Constituição inglesa, de índole lockiana,[80] Montesquieu, embora parta deste modelo, agrega-lhe muito mais clareza, com alguns toques de originalidade (mormente no que tange à separação de poderes).

Com sua obra, Montesquieu é o responsável pelo transplante, para o continente, dos resultados da experiência inglesa.[81]

Centra sua noção de Estado Liberal na existência ou não dos chamados corpos intermediários, a saber: na existência de uma intermediação operada pelo Poder Legislativo no relacionamento entre os indivíduos (titulares da liberdade) e o Poder Executivo (o poder de execução da pena).[82]

Na presença dos corpos intermediários assinala a caracterização do Estado Republicano (sendo inegável, neste particular, a influência de Jean Bodin), enquanto na ausência destes estaria caracterizado o Estado despótico.

É, portanto, fundamental para a República que o exercício do Poder Executivo seja contido, porque disciplinado por lei, pela atuação do Parlamento, integrado por mandatários do povo isonomicamente identificados.[83]

---

[79] TRUYOL Y SERRA. *História...*, op. cit., p. 343. v. 2.

[80] Também Montesquieu centra sua noção de Estado Liberal na liberdade negativa, definido-se com a observação de que "Dans un État, c'est-à-dire dans une societé oú il y a des lois, la liberté ne peut consister qu'à pouvior faire ce que l'on doit vouloir, et à n'être point contraint de faire ce que l'on ne doit pas vouloir. Il faut se mettre das l ésprit ce que c'est que l índépendence, et ce que c'est que la liberté. La liberté est le droit de faire tout ce que les lois permettent; et si un citoyen pouvoit faire ce qu'elles défendent, il n'autroi plus de liberté, parce que les autres auroient tout mêmme ce pouvoir" (MONTESQUIEU. *Du principe de la démocratie*. Paris: Librairie de Médicis, 1958. p. 16-17).

[81] CHÂTELET, François et al. *História das idéias políticas*. Rio de Janeiro: Jorge Zahar Editor, 1997. p. 66.

[82] MONTESQUIEU. *O espírito das leis*. Curitiba: Juruá, 2001. p. 27.

[83] BÉNOIT, Francis-Paul. Montesquieu inspirateur des jacobins. *Revue du Droit Public*, Paris, p. 11, 1995.

1.1.2.4.1 O paradigma do Estado Democrático de Rousseau

O que se tinha nas teorias platônica e aristotélica era a democracia posta não como forma de Estado, mas simplesmente como forma de governo.

Olvidada nas teorizações modernas precedentes, Jean-Jacques Rousseau resgata a democracia para discorrer sobre uma peculiar relação entre o indivíduo (a quem Thomas Hobbes apenas reconhecia uma sujeição) e o governo.

Criticando o modelo Liberal de Montesquieu (e reflexamente o de John Locke), Jean-Jacques Rousseau escarnece do depósito de confiança que o indivíduo deve fazer em prol do governo, afirmando que "O mais forte nunca o é bastante para ser sempre o amo, se não transformar sua força em direito e sua obediência em poder".[84]

No lugar do modelo Lockiano, implanta um contratualismo integrado por cláusulas que têm um único propósito: preservar integralmente o exercício do poder político nas mãos dos indivíduos, sem induzir qualquer cessão de liberdades em favor do Estado. "Estas cláusulas, bem entendidas, reduzem-se a uma só, a saber: a alienação total de cada associado com todos os seus direitos a favor de toda a comunidade, porque primeiramente, entregando-se cada qual por inteiro, a condição é igual para todos, e, por conseguinte, sendo esta condição idêntica para todos, nenhum tem interesse em fazê-la onerosa aos outros. Ademais, verificando-se a alienação sem reserva, a união é tão perfeita quanto possível e nenhum associado tem direito a reclamar, porque se restassem aos particulares alguns direitos, como não haveria superior comum que pudesse sentenciar contra eles e o público, sendo cada qual, em certo ponto, seu próprio juiz, pretenderia sê-lo em tudo. O estado natural subsistiria e a associação degeneraria necessariamente em tirânica ou vã. Submetendo-se cada um a todos, não se submete a ninguém em particular, como não há um associado sobre o qual

---

[84] ROUSSEAU, op. cit., p. 10.

não se adquira o mesmo direito que cede a si próprio, ganha-se a equivalência de tudo o que se perde e maior força para conservar o que possui".[85]

Quando cada um recebe de volta o que cedeu ao todo, recebe dentro dos contornos da "liberdade civil", limitada pela "vontade geral". O indivíduo cede sua liberdade ao todo social (jamais ao Estado), recebendo em retorno direto, estampados na lei que é emanação autêntica de sua vontade manifestada no contrato social. A limitação à liberdade, posta em lei, será sempre uma autolimitação. O governo, de conseqüência, será sempre um autogoverno.[86]

Quem, portanto, obedece à lei, está obedecendo, em última instância, à sua própria vontade, nela estampada por força da garantia do mandato imperativo, o qual, como adiante mais profundamente analisar-se-á, aparece como resultado direto da inalienabilidade da soberania, sendo claro que "No momento em que o povo está legitimamente reunido em corpo soberano, toda jurisdição de governo cessa, o poder executivo suspende-se, e a pessoa do último cidadão é tão sagrada e inviolável como a do primeiro magistrado porque onde se acha o representado não há representante. A maior parte dos tumultos que se originaram em Roma, nos comícios, tiveram, sua causa no esquecimento ou negligência desta regra. Os cônsules não eram então senão os representantes do povo; os tribunos, simples oradores, e o senado, absolutamente nada".[87]

Quem obedece à lei exerce a maior das liberdades.

Este conceito de liberdade positiva (que se afirma na própria lei, e não como exceção da lei), somente é possível porque, precedentemente, o liberalismo político, ao substituir o príncipe pelo princípio, cuidou de ubicar na lei o fundamento do Estado.

Pode-se, portanto, concluir "que o estado liberal é pressuposto não só histórico mas jurídico do estado democrático. Estado liberal e estado democrático são interdependentes em dois modos: na direção que vai do liberalismo à democracia, no sentido de

---

[85] ROUSSEAU, op. cit., p. 20.
[86] BACOT, Guillaume. La situation juridique des non-citoyens d'après J. J. Rousseau. *Revue du Droit Public*, Paris, p. 96, 2000.
[87] ROUSSEAU, op. cit., p. 113.

que são necessárias certas liberdades para o exercício correto do poder democrático, e na direção oposta, que vai da democracia ao liberalismo, no sentido de que é necessário poder democrático para garantir a existência e a persistência de liberdades fundamentais. Em outras palavras: é pouco provável que um estado não liberal possa assegurar um correto funcionamento da democracia, e de outra parte é pouco provável que um estado não democrático seja capaz de garantir as liberdades fundamentais. A prova histórica desta interdependência está no fato de que estado liberal e estado democrático, quando caem, caem juntos".[88]

O Estado Democrático de Jean-Jacques Rousseau é o modelo consagrador da vontade da maioria,[89] expressada, aliás, como vontade geral (*volonté générale*), soberanamente expressada.[90]

Bipartindo o conceito, a vontade geral, num sentido subjetivo, deve ser entendida como a vontade do todo, expressada pela maioria. Num sentido objetivo, a vontade geral coloca-se como o conteúdo da lei (em sentido político).

Ao consagrar a democracia como o modelo de Estado de prevalência da vontade da maioria, Jean-Jacques Rousseau critica o modelo platônico de governo democrático, pois "querendo tomar o termo democracia na sua acepção rigorosa, poderemos dizer que jamais existiu verdadeira democracia, nem existirá nunca. É contra a ordem natural que o maior número governe e o menor seja governado. Não se pode imaginar que o povo esteja constantemente reunido para atender os negócios públicos, e facilmente se compreende que não poderiam estabelecer-se comissões sem que a forma de administração se modificasse".[91]

A democracia deve ser apenas o governo da maioria[92] pois, em sendo governo de homens, deve compreender a falibilidade

---

[88] BOBBIO, Norberto. *O futuro da democracia*. Rio de Janeiro: Paz e Terra, 1998. p. 20-21.

[89] "Há apenas uma lei que, por sua própria natureza, necessita de consentimento unânime. Este é o contrato social" (ROUSSEAU, op. cit., p. 87).

[90] VINCENT, André. *Les révolutions et le droit*. 2. ed., Paris: Dalloz, 1975. p. 69.

[91] ROUSSEAU, op. cit., p. 82.

[92] Neste sentido, Norberto Bobbio: "O ideal-limite da democracia é a onicracia (o governo de todos), impraticável, no entanto, (e aqui há grande semelhança com o modelo ideal de governo democrático da teoria platônica), pois jamais ocorrerá que todos, absolutamente todos os indivíduos participem politicamente, pois estarão, por exemplo, excluídos aqueles que ainda não atingiram idade limite" (BOBBIO. *Estado...*,op. cit., p. 30).

própria da condição humana, identificada quando a minoria falha na detecção da vontade da maioria (e por isso a esta se submete),[93] seja ainda quando a própria maioria guia-se por rumos que não se mostram acertados. "Se existisse um povo de deuses, governar-se-ia democraticamente. Um governo tão perfeito, não convém aos homens".[94]

Em Jean-Jacques Rousseau, a democracia começa a se caracterizar com um modelo de Estado que impõe a aceitação da diferença. A minoria deve aceitar a imposição da maioria, embora a maioria também deva tolerar as divergências da minoria.

Curioso é notar que, se na concepção de Hans Kelsen[95] democracia e autocracia se opõem, na abordagem Rousseauniana, com ressalto da liberdade positiva, autocracia e democracia guardam relação profundamente simbiótica, pois não se concebe democracia sem a autonomia do povo na formação da vontade geral.

Como observa Norberto Bobbio, "o tema rousseauniano da liberdade como autonomia, ou da liberdade definida como 'a obediência de cada um à lei que se prescreveu', torna-se após as revoluções americana e francesa, e após o nascimento das primeiras doutrinas socialistas e anarquistas, um dos argumentos principais, se não o principal, em favor da democracia frente a todas as demais formas de governo que, se não são democráticas, não podem ser autocráticas. O problema da democracia vai-se cada vez mais identificando com o tema do autogoverno, e o progresso da democracia com a ampliação dos campos em que o método do autogoverno é posto à prova".[96]

---

[93] "O cidadão consente todas as leis, mesmo aquelas que foram ditadas à sua rebeldia e mesmo aquelas que o punem se ousa violar alguma delas. A vontade constante de todo os membros do Estado é a vontade geral, por elas são cidadãos e livres. Quando se propõe uma lei na assembléia do povo, o que se lhe pergunta não é precisamente se aprova a proposta ou se a recusa, senão se está de acordo ou não com a vontade geral, que é a sua. Dando cada um seu voto, proclama a sua opinião, e do cálculo dos votos se conclui a declaração da vontade geral. Mesmo quando triunfar a opinião contrária à minha não quer dizer isto, senão que me enganei e que aquilo que julgava ser a vontade geral não era. Se a minha opinião particular tivesse triunfado, teria feito coisa diversa da que eu queria, não teria sido livre. Isto supõe que todos os caracteres da vontade geral estão na maioria: quando cessam de estar com ela, qualquer que seja o caminho que tomar, não há liberdade" (ROUSSEAU, op. cit., p. 82).

[94] ROUSSEAU, op. cit., p. 83.

[95] KELSEN, op. cit., 106.

[96] BOBBIO. *Estado...*, op. cit., p. 145.

1.1.2.5 Participação política e dialética democrática

Por participação política não se deve entender apenas a manifestação de vontade na escolha de representantes, mas uma série de atos tendentes à manutenção do controle de tudo o que se faz no exercício do poder político, desde a militância num partido político, até a participação em grupos de interesse ou de pressão. Jacques-René Rabier a define, em síntese, como "des rapports entre le Pouvoir et la Nation, au choix des groupes sociaux sur lesquels s´appuie toute action politique, enfin aux buts historiques communs".[97]

Trata-se de um conceito genérico, polissêmico, por excelência. Salta em evidência que a participação política envolve a expressão de uma vontade, a busca do atendimento de um interesse, seja pessoal, seja geral, a partir, não raro, do seguimento de regras procedimentais já consagradas historicamente.[98]

Se de um lado, a participação política é fundamental para a caracterização da democracia, como seu elemento dialético, deve restar também claro que nem sempre a possibilidade de participação política define a existência da democracia, pois sói ocorrer intensa participação política nos regimes totalitários, como patenteou a história alemã a partir da criação da juventude hitlerista ou ainda das grandes marchas organizadas por Goebbels.[99]

A própria definição de participação política não é unívoca,[100] seja em função da dificuldade de se definir o que é esta participação em algumas culturas, que pedem um envolvimento pessoal, religioso, mais acentuado (cultura islâmica, por exemplo), seja porque nem sempre participar significa integrar um grupo, perfilar todo o ideário deste grupo, mas tão-somente (e esta talvez seja a forma mais comum) simpatizar com uma ou outra atitude adotada por uma certa matriz ideológica, adotando, vez por outra, atitudes

---

[97] RABIER, Jacques-René. *La participation ouvrière*. Paris: Editions Domat Montchrestien, 1957. p 1.

[98] LUCAS, Randolph. *Democracia e participação*. Brasília: Edunb, 1985. p. 8.

[99] WYKES, Alan. *Goebbels*. Rio de Janeiro: Editora Renes, 1975. p. 33.

[100] Como bem demonstra a obra de VILLASANTE, Tomás R. *Las democracias participativas*. Madrid: Ediciones Hoac, 1995. p. 121 et seq.

de apoio e reforço desta ideologia. Nesta hipótese, há de fato um envolvimento pessoal bastante tênue.

Nesta linha, tomando por critério o grau de envolvimento pessoal, Giacomo Sani separa, pelo menos, três formas de participação política: 1. aquela em que a presença é o núcleo do conceito (comparecimento a reuniões de partidos, a comícios, por exemplo); 2. a participação ocorre mediante o desempenho de certas atividades, pedindo, portanto, uma vinculação ativa (proselitismo, envolvimento em campanhas eleitorais); 3. o envolvimento em partidos políticos, marcado pela participação na vida partidária e na prerrogativa de fixação dos destinos da organização partidária.[101]

A prerrogativa de participação política dentre as várias camadas da população experimentou gradativo aumento de amplitude a partir do século XX, pois, à exceção dos Estados Unidos,[102] o sufrágio universal e a igualdade de votos (eleitos como tema de tutela, em cláusula pétrea, na Constituição brasileira de 1988, art. 60, §4º, II) só foram alcançados nos primeiros decênios daquele século.

Como informa Giacomo Sani, "pesquisas recentes indicam que, de 1861 a 1880, os que tinham direito a voto na Itália não iam muito além dos 52% da população; de 1822 a 1909, o percentual é inferior a 10%; nas eleições de 1913, apesar da ampliação do sufrágio, os eleitores só representavam cerca de 23% da população, as mulheres só tiveram direito ao voto após a Segunda Guerra Mundial; em países que blasonam de tradições democráticas, como a Suíça, as mulheres ainda são parcialmente excluídas de votar. O mesmo se diga de outras estruturas de participação de grande importância como os partidos políticos: estes também são instituições muito recentes, e em certos países, sua continuidade foi muitas vezes interrompida por experiências de regimes não democráticos".[103]

---

[101] SANI, Giacomo. Verbete participação política. Apud: BOBBIO, Norberto et al. *Dicionário de política*. Brasília, Edunb, 1991. p. 889-890.

[102] Nesse sentido, aludindo ao regime constitucional norte-americano, comenta Leo Huberman: "Hoje em dia, com exceção dos Estados do Sul onde há um imposto por cabeça, que capacita a votar, qualquer um terá o direito de votar se for cidadão do país e tiver a idade requerida" (HUBERMAN, Leo. *A história da riqueza dos EUA*. 4. ed., São Paulo: Brasiliense, 1987. p. 32).

[103] BOBBIO et al. *Dicionário...*, op. cit., p. 889.

Curiosamente, na contramão destes dados, tem-se verificado que à gradativa abertura na possibilidade de participação política tem-se contraposto um forte ascetismo, um grande desinteresse pela atividade política. "Numerosas pesquisas levadas a cabo nos últimos decênios demonstraram claramente que a realidade é bem diferente. Em primeiro lugar o interesse pela política está circunscrito a um círculo bem limitado de pessoas e, não obstante o relevo dado pela comunicação de massa aos acontecimentos políticos, o grau de informação a tal respeito é ainda baixo: os acontecimentos esportivos, o mundo do espetáculo e outros aspectos da crônica diária são muito mais conhecidos do grande público. Tal fato pode ser confirmado na escala crescente da taxa de abstencionismo nas eleições em todas as categorias."[104]

Contudo, outras formas de manifestação política têm-se mostrado mais freqüentes, merecendo destaque as que vêm carregadas de um forte matiz de resistência civil,[105] ou de manifestação de interesse de algum grupo ou minoria. Este destaque deve-se também ao relevante lugar que os meios de comunicação de massa dão a essas manifestações, mormente quando vêm acompanhadas de incidentes violentos.

Tais formas, entretanto, seja porque são esporádicas (pois não se manifestam com regularidade temporal), seja porque são provisórias (pois perduram enquanto não alcançados os objetivos perseguidos), seja, por fim, porque não se encontram formalmente institucionalizadas, não se enquadram no conceito usual de participação política. Algumas condicionantes devem ser satisfeitas para que esta de fato se caracterize.

O que Giacomo Sani chama de estruturas ou ocasiões de participação, sempre submetidas a intempéries de contexto, encontra-se ligado, nos regimes democráticos, às formas de organização partidária, às formas de acesso ao mandato político, ao sufrágio e aos mecanismos de competição entre forças políticas.

---

[104] BOBBIO et al. *Dicionário...*, op. cit., p. 889.
[105] Locução empregada no sentido em que a define THOREAU, Henry David. *A desobediência civil*. Porto Alegre: L&PM, 2000.

Com tal função, servem de fator de galvanização de ideologias e interesses comuns ou assemelhados, realçados pelo caráter competitivo do acesso ao desempenho de mandatos políticos. Já nos regimes autoritários (em que seriam compreendidos, *verbi gratia*, os totalitarismos, as autocracias e os despotismos) a participação política não tem contornos de ação, mas de reação, de oposição ao regime de governo, daí porque estimula-se pela crítica. Estimula-se, portanto, não pela efetiva participação, mas pela busca de uma possibilidade de participação gradativamente incentivada. Não há participação, mas "mobilização".

1.1.2.6 Conclusões acerca da democracia moderna

Se na teorização clássica grega a República não se confundia com a democracia — e longe desta estaria, mesmo porque a forma de governo da *pólis* ideal platônica é a monarquia — tal diferença se acentua na construção dos teóricos dos Estados nacionais modernos, que sempre trataram de diferenciá-las, a exemplo de James Madison n'*O federalista* (nº 10), para quem as "democracias têm sido sempre palco de distúrbios e discussões, revelaram-se incapazes de garantir a segurança pessoal ou os direitos da propriedade, e em geral suas vidas têm sido tão curtas quanto violentas suas mortes".[106]

No entanto, como bem frisa Norberto Bobbio, a forma de governo que James Madison apelida de democracia, para fazer referência aos clássicos, era a democracia direta, própria da realidade da Atenas antiga. "Por república, ao contrário, entende o governo representativo, exatamente aquela forma de governo que hoje nós — convencidos de que nos grandes Estados não é possível outra democracia senão a representativa, embora em alguns casos corrigida e integrada por institutos da democracia direta, sem recorrer a ulteriores especificações, chamamos de democracia e contrapomos a todas as formas velhas e novas de autocracia."[107]

---

[106] MADISON et al. *O federalista...*,op. cit., p. 151.
[107] BOBBIO. *Estado...*, op. cit., p. 150.

Bases e perspectivas da reforma política brasileira | 49

É Alexis de Tocqueville que, com mais mestria, dedica-se a apartar a democracia antiga da democracia moderna, que tem por imprescindível a república. Como cita Norberto Bobbio, "na advertência anteposta à edição de 1848, Tocqueville escreve que a América havia resolvido o problema da liberdade democrática que a Europa apenas começava a se colocar naquele momento: 'Há sessenta anos o princípio da soberania do povo, que tínhamos introduzido ontem em nosso país, reina soberano na América, posto em prática do modo mais direto, mais ilimitado, mais absoluto".[108]

Com efeito, desta afirmação extrai-se que pouca ou nenhuma importância tem para Alexis de Tocqueville a diferença entre democracia direta e representativa, pois: "às vezes é o próprio povo que faz as leis, como em Atenas; às vezes são os deputados, eleitos por sufrágio universal, que o representam e agem em seu nome, sob sua vigilância quase direta".[109]

Por esta via, a democracia começa a se delinear a partir de procedimentos da repartição de competências decisórias, bem como dos modos de exercê-las (procedimentos). É necessário definir quantos e quais são os indivíduos que falam em nome do grupo, e que somente poderão optar com suficiente legitimidade se pautados nestas regras de definição.[110] E cada vez mais democracia e república vão-se mesclando como elementos simbióticos de uma mesma realidade, caracterizada pela idêntica participação de todos na escolha de representantes que expressarão a vontade da maioria.

Em tese, é possível, portanto, graduar-se a amplitude da democracia a partir da maior ou menor possibilidade de acesso ao exercício da escolha de representantes. Uma sociedade (onde tenham direito a voto um maior número de grupos sociais, todos os homens e todas as mulheres acima de certa idade, por exemplo) é mais democrática do que outra, em que o número de grupamentos sociais com este direito é menor (voto censitário, por exemplo).

---

[108] TOCQUEVILLE apud BOBBIO. *Estado...*, op. cit., p. 151.
[109] TOCQUEVILLE. *A democracia...*, op. cit., p. 50.
[110] TOCQUEVILLE. *A democracia...*, op. cit., p.126.

1.1.2.7 Requisitos da democracia moderna

Afirma Emile Giraud[111] que a realização da democracia tem por indispensável a reunião de certos requisitos, enunciando-os:

- *A liberdade*: é necessário que a partir do respeito às chamadas liberdades públicas (liberdade de consciência, liberdade de palavra, liberdade de imprensa, dentre outras), uma doutrina política ou uma mera opinião recebam a concordância sincera de seus entusiastas. Estas liberdades de que fala Emile Giraud nada mais são do que um *prius* da liberdade de opção política.[112]

- *O governo do povo*: é o governo do povo pelo povo, já que a nação não se submeterá a nenhuma autoridade que ela mesma não tenha instituído. Esta é a "soberania nacional".

- *O sufrágio universal, livre, secreto e periódico*:[113] necessário em função dos valores que pressupõe, ao tempo em que os conserva, quais sejam: a) tem valor educativo (pois, exigindo a participação de cidadãos com as mais variadas características, ricos ou pobres, sábios ou ignorantes, o sufrágio aparece como uma instituição que tende a elevar o nível moral e intelectual de uma nação; b) é uma condição de liberdade (pois há opressão quando a nação deve se submeter a leis que considere injustas ou inoportunas. A aplicação destas leis por cidadãos que a reprovam tem um inegável efeito de violência moral); c) a consagração da igualdade, posta como fruto da conjunção das noções de república e democracia, operada pela modernidade em torno de uma única ideia, a ponto de Robespierre declarar,

---

[111] GIRAUD, Émile. *La crise de la democratie et les réformes nécessaires du pouvoir législatif*. Paris: Marcel Girard, 1925. p. 72.

[112] Djacir Menezes comunga da mesma opinião ao afirmar que "A liberdade moderna iria plasmar-se constitucionalmente com o exercício das instituições representativas mediante a diferenciação das categorias dicotômicas da ' sociedade civil' e do 'Estado' no nível da teorização política. Foi o mais clarificante fator para a formalização do conceito jurídico das liberdades modernas" (MENEZES, Djacir. Os temas da liberdade e da democracia em Pontes de Miranda. *Revista de Ciência Política*, Rio de Janeiro, v. 25, n. 3, p. 70, set./dez. 1982).

[113] Previsto como cláusula pétrea no artigo 60, §4º, inc. II, da Constituição Federal de 1988.

em 04 de fevereiro de 1794, que "ces deux mots sont synonims, malgré les abus du language vulgaire".[114] Sustenta Celso Antonio Bandeira de Mello que esta liberdade não pode apenas se restringir à liberdade de opção, devendo abranger também a liberdade que resguarde o exercício da opção de votar ou não votar. Para o ilustre autor, "o voto deve ser facultativo e nunca obrigatório".[115]

A periodicidade do voto, por sua vez, também não deve albergar apenas o exercício esporádico da opção política pessoal, devendo também se prestar a permitir a renovação dos titulares de mandatos políticos. Este intuito somente será alcançado, como frisa Geraldo Ataliba, mediante a proibição de reeleições, já que "a periodicidade — ínsita no princípio republicano — no caso de chefia do Executivo, entre nós, implica a alternância, se não necessariamente de partido político, pelo menos do titular do cargo".[116]

Para a caracterização da democracia, no entanto, é necessária a satisfação de um quarto requisito, enunciado por Norberto Bobbio: "é preciso que aqueles que são chamados a decidir ou a eleger os que deverão decidir sejam colocados diante de alternativas reais e postos em condição de poder escolher entre uma e outra".[117] Sem esta condição, tem-se apenas a pseudodemocracia a que alude Rafael Bielsa.[118]

Garantias destas condições são os direitos de locomoção, de religião, de associação, de reunião, de expressão de opinião, de liberdade ideológica, todos reunidos como base do Estado Liberal, na mais pura linha contratualista de John Locke, Montesquieu e Jean-Jacques Rousseau. São as liberdades de que trata Jean Carbonier.

Inegável, portanto, como disse Geraldo Ataliba, que a democracia supõe um *minimum* de cultura política.[119]

---

[114] Apud CANOTILHO, op. cit., p. 486.
[115] BANDEIRA DE MELLO, Celso Antônio. Representatividade e democracia. In: *Direito eleitoral*. Belo Horizonte: Del Rey, 1996. p. 44.
[116] ATALIBA, op. cit., p. 76.
[117] BOBBIO. *O futuro...*, op. cit., p. 20.
[118] BIELSA, Rafael. *Democracia e república*. Buenos Aires: Depalma, 1985. p. 109.
[119] PAUPÉRIO, Machado. Os irracionais de nossa democracia. *Revista da Academia Brasileira de Ciências Morais e Políticas*, Rio de Janeiro, n. 2, p. 14, 1996.

O Estado Liberal surge como elemento simbiótico das democracias modernas, havendo entre ambos uma interdependência em duas vias: "na direção que vai do liberalismo à democracia, no sentido de que são necessárias certas liberdades para o exercício correto do poder democrático, e na direção oposta, que vai da democracia ao liberalismo, no sentido de que é necessário o poder democrático para garantir a existência e a persistência das liberdades fundamentais. As normas constitucionais que atribuem estes direitos não são exatamente as regras do jogo: são regras preliminares que permitem o desenrolar do jogo".[120]

1.1.2.8 Democracia e soberania na modernidade

Desde a teorização de Jean Bodin, a noção de soberania nacional envolve inevitavelmente a de governo representativo, é dizer, um governo no qual o povo, por seus eleitos, aos quais entrega um mandato, exerce este que é "o poder absoluto e perpétuo de uma república".[121]

O Estado-Nação, que é a pessoa jurídica receptora da soberania popular, apoia-se, após o liberalismo contratualista, sobre a lei formal exprimida pelos seus representantes, os eleitos da Nação.

Em razão da impossibilidade material de o reunir, bem como do perigo de que lhe falte discernimento, o povo volta-se a escolher seus representantes, aptos a dirigir os negócios do Estado. "Le peuple", observa Montesquieu, "est admirable pour choisir ceux à qui il doit confier quelque partie de son autorité (...) Mais saura-t-il conduire une affaire, connaître les lieux, les occasions, les moments, en profiter? Non, il ne le saura pas".[122]

A partir do modelo de Montesquieu — que se inspira no modelo de John Locke, como já frisado — os deputados não mais representam seu colégio eleitoral ou sua classe, mas toda a Nação, como decorrência da consagração do mandato livre, adiante

---

[120] BOBBIO. O futuro..., op. cit., p. 20.
[121] TRUYOL Y SERRA. História..., op. cit., p. 137. v. 2.
[122] MONTESQUIEU. L'esprit des lois. Paris: Garnier, 1956. p. 53.

abordado, pois "la régle 'les députés représentent la Nation', n'est susceptible que d'une interprétation unique: elle signifie qu'ils représentent non pas la totalité des citoyens pris individuellement, mais leur collectivité indivisible et extra-individuelle".[123]

No entanto, os corpos unificados visualizam em sua universalidade global distinguida por conseqüência das unidades individuais e dos grupos parciais que este corpo compreende em si mesmo, ensejando "la situation où un ou plusieres individus exercent des fonctions étatiques au nom de la plus grande force: la force gouvernante".[124]

Léon Duguit expressamente afirma sobre este ponto que "dans le systéme français de représentations politiques, le député ne reçoit point um mandat de sa circonscription: il est simplement partie composante du parlement qui représente la nation tout entiére".[125]

É então necessário deduzir que a Assembleia dos deputados tem por função exprimir não a vontade dos eleitores, unicamente, mas a vontade estática da Nação, que, aliás, somente passa a existir após ser expressada.

Note-se, portanto, que a Assembleia não apenas declara, mas constitui, constrói, o que deve ser entendido como a vontade da Nação. Está-se longe de Jean-Jacques Rousseau e da soberania popular expressada pelo mandato imperativo. Está-se igualmente longe do despotismo monárquico. Esta teoria da soberania parlamentar justifica o Estado legal pela vontade dos representantes da nação reunidos em Assembleia, que não se encontra, contudo, isenta das críticas traçadas por Didier Boutet, quando pondera que "être le représentant de la nation, et envisager la nation en elle même, il y a una différence; Si l'on peut connâitre la volonté du répresentant de la nation, comment savoir qu'il exprime reéllement celle de la Nation? Il n'existe aucune subordination entre le répresentant et la Nation sinon la menace eléctorale".[126]

---

[123] MONTESQUIEU. *L'esprit des lois...*, op. cit., p. 54.

[124] SFEZ, op. cit., p. 117.

[125] DUGUIT, Léon. *Droit constitutionnel*. Paris: Fontemoing & Cia, 1911. p. 342. v. 1.

[126] BOUTET, Didier. *Vers l'Etat e droit*: la théorie de l'Estat et du droit. Paris: Editions L'Harmattan, 1991. p. 213.

De todas essas constatações resulta a impressão desagradável de que a nação não existe juridicamente. Ora, pelo que ela tem de representação verdadeira, é necessário que previamente exista uma pessoa e uma vontade representáveis. Em outros termos, para que se possa legitimamente tratar de uma representação da nação pelos personagens ou corpos que exercem o poder político, seria necessário que anteriormente a esta representação fosse constatada a existência de uma pessoa chamada nação. Então, la nation n'acquiert juridiquement de volonté, législative ou autre, et elle ne devient en détoir une personne que par le fait même de son organisation prétendue représentative".[127]

A predominância da ideologia democrática nos modelos modernos de Estado operou a transformação dos princípios da "soberania inalienável do povo" e da "igualdade política", em instituições como "liberdade política", "participação no governo", "sufrágio universal", "opinião pública" e "partidos políticos", na medida em que a soberania, de inalienável, passou a ser representativa.[128]

Josefa Saez de Salassa preserva esta transformação como característica das democracias contemporâneas para afirmar que a contradição entre as ideologias liberal e democrática "tem sido a base da estrutura dos regimes políticos contemporâneos que há mais de um século tem entrado em crise, e não encontram saída para a realização do fim do estado, do bem comum pleno, e do fim de suas partes, a perfeição da pessoa humana".[129]

1.2 Democracia representativa e sistemas eleitorais

Observa Manoel Gonçalves Ferreira Filho que "os pais do governo representativo — reconheça-se — não o confundiam com a democracia. Habitualmente a ele se referiam por um terno

---

[127] BOUTET, op. cit., p. 213.

[128] BRUNET, Ferran. Formas políticas y representatividad. *Revista de Ciência Política*, Rio de Janeiro, v. 30, n. 3, p. 150, jul./set. 1987.

[129] SALASSA, Josefa Saez de. *La participación política*. Buenos Aires: Ciudad Argentina, 1999. p. 186.

Bases e perspectivas da reforma política brasileira | 55

relativamente neutro como *república*. E a república, segundo o mestre de todos, *Montesquieu*, pode ser aristocrática ou democrática".[130] Para Montesquieu, a ideia de representação política teria nascido nas florestas da Germânia. Do que discorda Betrand de Jouvenel, para quem ela "formou-se na Inglaterra através da iniciativa de monarcas vigorosos que compreenderam que era de seu interesse saber o que se passava nas diversas partes do reino e por isso mesmo estavam inclinados a receber delegações. Mais do que isso, esses monarcas perceberam que as forças que poderiam tirar das diversas partes do reino, desde que explicassem aos delegados as necessidades do Governo e os encarregassem de usar da confiança de seus mandantes para deles conseguir sacrifícios financeiros. É essa a origem da Câmara dos Comuns".[131]

Na Inglaterra do século XVII começou a se alterar a ideia de representação, pois o representante já não mais é aquele que representa especificamente os que o enviaram, mas toda a nação. Tal mudança transformou o princípio da unidade, antes reconhecida no Rei, no princípio da diversidade, emblematizado pelos deputados.

Nessa linha, fala Maurice Duverger na teoria do eleitorado-função, utilizada com fundamento do sufrágio restrito, na medida em que cada cidadão é titular de uma fração da soberania do povo, devendo exercê-la na medida em que esta lhe pertence. Pode-se, contudo, admitir, como apregoou a burguesia francesa pós-revolucionária, que uns tenham uma parcela maior de soberania do que outros, como ocorre, por exemplo, no voto censitário.[132]

Ao longo do século XIX, como decorrência do constitucionalismo, vão-se consolidando as democracias representativas nos principais países europeus, encontrando-se sempre presentes os caracteres revelados por Alexis de Tocqueville na democracia

---

[130] FERREIRA FILHO, Manoel Gonçalves. Reforma constitucional: o sistema eleitoral e partidário. In: *Direito eleitoral*. Belo Horizonte: Del Rey, 1996. p. 99.

[131] JOUVENEL, Bertrand. *As origens do estado moderno*: uma história das idéias políticas no século XIX. Rio de Janeiro: Jorge Zahar Editor, 1978. p. 329.

[132] DUVERGER, Maurice. *Institutions politiques et droit constitutionnel*. Paris: Presses Universitaires de France, 1960. p. 84.

56 | Fernando Gustavo Knoerr

americana, quais sejam: o princípio da soberania do povo e o fenômeno da associação. Exemplar é afirmação contida num julgado da Suprema Corte norte-americana por ocasião da eleição de 1902, consignando que "a cabine eleitoral é o templo das instituições americanas, onde cada um de nós é um sacerdote, ao qual é confiada a guarda da arca da aliança e cada um oficia do seu próprio altar".[133]

Neste período, surge o alargamento do direito de voto até o sufrágio universal masculino e feminino, o desenvolvimento do associacionismo político até a formação dos partidos de massa e o reconhecimento de sua função pública.

Neste compasso, alude Maurice Duverger à teoria da soberania nacional, consagradora da noção de que apenas a nação é titular da soberania, e não os cidadãos que a compõem, não sendo possível distinguir-se os cidadãos entre si. Embora implícita a noção, o sufrágio não é necessariamente universal, pois a qualidade de eleitor não é mais do que uma função pública diante da qual ninguém tem direito, mas um dever que pode tornar obrigatório o exercício do poder eleitoral, proibindo a abstenção.[134]

Esta evolução pode ser assinalada, com nitidez, na comparação entre o estatuto da Sardenha, promulgado por Carlos Alberto em 04 de março de 1848, depois convertido na primeira Constituição Imperial da Itália (1861) e a Constituição Republicana elaborada e aprovada em 02 de junho de 1946 após o fim da Segunda Guerra Mundial, entrando em vigor exatamente 01 (um) século após o estatuto Albertino.

Reconhecendo-se a todos os cidadãos "o direito de associar-se livremente em partidos políticos para contribuir, com método democrático, para a determinação da política nacional" (art. 49), pretendeu-se conferir legitimidade às organizações que através da agregação de interesses homogêneos facilitam a formação de uma vontade coletiva numa sociedade caracterizada pela pluralidade de grupos e por intensas tensões sociais.[135]

---

[133] BOBBIO, Norberto. *Teoria geral da política*. Rio de Janeiro: Campus, 2000. p. 372.
[134] DUVERGER. *Institutions...*, op. cit., p. 84.
[135] BOBBIO. *Estado...*, op. cit., p. 153.

A república consolida-se definitivamente como democracia (representativa),[136] o que, por sua vez, não obstou o retorno ao uso de alguns dos instrumentos da democracia direta, tida por alguns como a verdadeira democracia, sendo aquela uma distorção desta. Dentre estes destacam-se Karl Marx, que acreditou encontrar algumas nuances de democracia direta na Comuna de Paris, entre abril e maio de 1871, bem como Lênin, que com toda ênfase retomou o tema no Ensaio Estado e Revolução, que haveria de guiar a construção do novo Estado após a derrubada da monarquia russa.

Sob o manto da democracia direta agrupam-se todas as formas de participação no poder que não encerram nenhuma forma de representação, reunidas em três categorias: a) o governo do povo por meio de delegados investidos de mandato imperativo, e, portanto, revogável; b) o governo de assembleias, nos moldes da democracia direta ateniense, sem a participação sequer de delegados e c) o *referendum*.

Destas três formas, a primeira foi albergada na Constituição Soviética, prevendo o artigo 142 que "todo deputado deve prestar contas diante dos eleitores, de sua atividade e da atividade dos Soviets dos deputados dos trabalhadores, e seu mandato pode ser revogado a qualquer momento por decisão da maioria dos eleitores", estendendo-se sua adoção para grande parte das chamadas democracias populares.

O grau de sustentabilidade da primeira forma está diretamente relacionado à restrição da autonomia dos mandatários, que devem estar atrelados à busca da satisfação de seu eleitorado, ou então do partido pelo qual se elegeram, sob pena de aplicação das mais variadas sanções políticas. "O deputado eleito através da organização do partido torna-se um mandatário", frisa Norberto Bobbio, "senão dos eleitores, ao menos do partido, que o penaliza retirando-lhe a confiança toda vez que ele se subtrai à disciplina, a qual converte-se assim num sucedâneo funcional do mandato imperativo por parte dos eleitores."[137]

---

[136] Para Geraldo Ataliba, a República é um "verdadeiro sinônimo de democracia" (ATALIBA, op. cit., p. 88).

[137] BOBBIO. *Estado...*, op. cit., p. 155.

A segunda e a terceira formas, por sua vez, não podem jamais substituir as várias formas de democracia representativa praticáveis num Estado Democrático, não comportando tratamento como alternativa ao Estado representativo. A segunda porque possível apenas em pequenas comunidades; a terceira porque aplicável apenas em circunstâncias excepcionais, revestidas de especiais características.

É inevitável reconhecer, no entanto, que o uso destes instrumentos da democracia direta não pode ser constante, mas esporádico, não subsistindo espaço histórico para a supressão da democracia representativa, mas sim para a busca constante de sua adaptação, na tentativa de eliminar seu maior risco: a tendência ao encastelamento no poder daqueles a quem se deu o encargo de representar a vontade da maioria. Esta tendencial oligarquização reflete "o perigo da legislação de classe; do governo que visa, (com sucesso ou não) o benefício imediato da classe dominante, em perpétuo detrimento da massa. E uma das questões que mais merecem consideração, quando se pretende determinar a melhor constituição de um governo representativo, é como reunir precauções eficazes contra esse mal",[138] sob pena de se abrir espaço à aceitação da tese segundo a qual o melhor dos governos é aquele propiciado por um bom déspota.[139]

No mesmo sentido ruma o alerta de David Hume quando, ao tratar das facções, assevera que "o que deve tornar mais odiosos os fundadores de partidos é a dificuldade de extirpar essas ervas daninhas, depois de terem criado raízes num Estado. Elas se propagam naturalmente durante muitos séculos, e raramente

---

[138] STUART-MILL, John. *Considerações sobre o governo representativo*. Brasília: Edunb, 1981. p. 68.

[139] Hipótese refutada por John Stuart-Mill, afirmando, a aventá-la, que: "A suposição é de que o poder absoluto, nas mãos de um indivíduo eminente, poderia assegurar o cumprimento virtuoso e inteligente de todos os deveres do governo. Boas leis seriam estabelecidas e impostas, leis más seriam refeitas; os melhores homens preencheriam todos os cargos de confiança, a justiça seria tão bem administrada, os encargos públicos seriam tão leves e tão judiciosamente impostos, todos os ramos da administração seriam tão puramente e tão inteligentemente conduzidos, quanto o permitissem as circunstâncias do país e o seu grau de cultivo moral e intelectual. Estou disposto, pelo bem da discussão, a conceder tudo isso; mas devo precisar exatamente quão grande é essa concessão; e também, que mais é preciso ser acrescentado à simples expressão, um bom déspota, para produzir uma mera aproximação desses resultados. Sua realização implica, na verdade, não apenas um bom monarca, mas também um que seja onisciente" (STUART-MILL, op. cit., p. 62).

Bases e perspectivas da reforma política brasileira | 59

deixam de provocar a completa dissolução do governo em que são semeadas. Além disso, são plantas que crescem com maior pujança nos solos mais ricos, e, embora os governos absolutos delas não estejam livres, é forçoso confessar que elas nascem com maior facilidade e se propagam mais rapidamente nos governos livres, onde sempre contaminam o próprio Legislativo, que seria o único capaz, mediante a firme aplicação de recompensas e castigos, de erradicá-las".[140]

Cuida John Stuart-Mill de traçar algumas recomendações práticas para a sustentabilidade do governo representativo, quais sejam: "1) promessas formais não devem ser exigidas, a menos que, em virtude de circunstâncias sociais desfavoráveis ou de instituições faltosas, os eleitores se sintam tão tolhidos em sua escolha que devem indicar uma pessoa presumivelmente sob a influência de parcialidades hostis a seus interesses; 2) os eleitores têm não apenas o direito de reconhecer a fundo as opiniões e os sentimentos políticos do candidato, mas também o direito e a obrigação de recusar qualquer candidato que não estiver de acordo com eles sobre os poucos pontos que constituem a base de sua crença política; 3) os eleitores devem, na medida em que tiverem uma alta opinião da superioridade mental de um candidato, permitir que ele aja de acordo com visões diferentes das suas, desde que não estejam envolvidos os pontos fundamentais de sua crença; 4) os eleitores não devem esmorecer na procura de um candidato tal que possa ser deixado livre para seguir os preceitos de seu próprio julgamento; 5) os eleitores devem encarar como um dever para com seus concidadãos o fato de fazer tudo o que é muito mais importante para eles serem governados por homens assim do que por homens que professem um número maior de suas opiniões — isto porque as vantagens que proporcionam as habilidades dos homens de valor são certas, ao passo que a hipótese de que eles estejam errados nos pontos de divergência, e os eleitores certos, é muito duvidosa".[141]

---

[140] HUME, op. cit., p 273-274.
[141] STUART-MILL, op. cit., p. 127.

1.2.1 Escolha dos representantes

De tudo o que foi exposto pode-se afirmar que a marca da democracia representativa encontra-se na concepção de um processo formal de escolha de representantes — e Jean Bodin permanece autêntico nesta linha — que venham a exercer, em nome de todos os representados, a soberania, a *summa potestas superiores non recognoscentes*,[142] como referiu este autor na linha do *Corpus Juris Civilis* de Justiniano.

Curioso é observar que, ao longo da história, registra-se nitidamente um processo de desconcentração do exercício da soberania. Do absolutismo Hobbesiano passou-se à fase em que, já numa nítida transição, como relata Norberto Bobbio, "Luis XVI convocou os Estados Gerais e exigiu que os delegados não estivessem vinculados a mandatos dos eleitores, de maneira que ante a necessidade de tomar decisões as assembléias não se vissem bloqueadas por esses *pouvoirs restrictifs* (poderes restritivos)".[143] Pedia o Rei *pleins pouvoirs, pouvoirs sufisants*, até o momento, indelevelmente marcado na história da Europa continental pelo êxito da Revolução Francesa, em que, deposta a monarquia, reconheceu-se o exercício da soberania exclusivamente ao Parlamento. Assim, consagra-se a hipótese de que ao Parlamento se confiam exclusivamente a proteção e a satisfação dos interesses gerais.

Um Parlamento deve ser bicameral, não somente para assegurar a representação de todas as classes (como é próprio do bicameralismo inglês, motivado pela permanência da aristocracia), ou para preservar a representação das esferas da federação — como é próprio do Parlamento norte-americano, conformado a um modelo de Estado federal —, mas para que não se dê ensejo à instauração de uma ditadura parlamentar, exercida por apenas uma Câmara. Em apreço à recomendação de John Stuart-Mill, deve-se atentar para "o efeito nocivo que se produz na mente de qualquer detentor do poder, seja um indivíduo, seja uma assembleia, quando ele tem a

---

[142] BOBBIO. *A teoria...*, op. cit., p. 95.

[143] BOBBIO, Norberto. *Norberto Bobbio*: el filósofo y la política: antología. Ciudad de México: Fondo de Cultura Económica, 1997. p. 286.

consciência de que é o único a ser consultado. É importante que nenhum grupo de homens possa, mesmo temporariamente, fazer prevalecer seu *sic volo* sem pedir o consentimento de ninguém. Uma maioria em uma assembleia única, quando houver assumido um caráter permanente — ou seja, quando for composta pelas mesmas pessoas agindo habitualmente juntas, e sempre certas da vitória — facilmente se tornará despótica e arrogante se for dispensada da autoridade de examinar se seus atos serão aprovados por alguma outra autoridade constituída".[144]

Para Edmund Burke, o poder de escolher representantes assemelha-se ao poder de firmar o contrato social, pois tal qual este, é intransferível, sendo também fundamental no encetamento do início da criação de uma nova comunidade política.[145]

Não obstante, os objetivos da entrega do mandato serão efetivamente alcançados apenas a partir do momento em que cada eleitor tiver condições de seguramente conhecer a plataforma eleitoral de seu candidato, sendo-lhe franqueado o uso de meios eficazes de controle da vinculação do exercício do mandato às promessas de campanha.[146]

A manifestação da opção, nas eleições, por um ou outro partido pode ser definida, na lição de Daniel-Louis Seiler, consoante paradigmas empiricamente encontrados.

a) *o paradigma utilitarista*: reduz o ato de votar a uma escolha racional (*zweckrational*), com ênfase no pressuposto definido por Marx Weber como marca da ação racionalmente orientada: a busca de uma vantagem pessoal. Deste modo, os partidos políticos fazem ao eleitor uma oferta política que, se se coadunar com as pretensões pessoais daquele, ensejará o depósito do voto em seu favor.[147]

É de se ver que tanto a oferta quanto a procura são determinadas em padrões mínimos, recebendo contornos

---

[144] STUART-MILL, op. cit., p. 130.
[145] BURKE, Edmund. *Reflexões sobre a revolução em França*. Brasília: Editora Universidade de Brasília, 1982. p. 179.
[146] BURKE, op cit., p. 180-181.
[147] SEILER, op. cit., p. 121.

mais definidos na medida em que passam a se relacionar dialeticamente. A oferta do partido, obediente ao padrão mínimo da ideologia ou da forma de atuação partidária, irá se amoldando na medida em que encontrar maior adesão ou repulsa junto ao eleitorado. Este, por sua vez, delineia com maior precisão suas pretensões ao passo que vislumbra nos partidos maiores ou menores condições de realizá-las. Esta última circunstância é muito comum nos bipartidarismos, nos quais a oferta partidária é menor, cabendo aos eleitores deduzirem suas pretensões segundo o que lhes é oferecido tão somente por dois partidos.[148]

b) *o paradigma de Michigan*: abandonando o sentido egoístico emprestado ao paradigma utilitarista, o modelo de Michigan centra sua definição no grau de identificação do eleitor com o partido, em qualquer de seus aspectos: em sua plataforma eleitoral, em sua ideologia, nos integrantes de seus quadros, na sua forma de atuação, etc. Aborda "a votação como uma disposição estável e eventualmente transmissível de uma geração a outra".[149] É certo que, justamente por não ter como característica o apelo ao interesse pessoal, este paradigma encontra aplicação apenas àqueles que se interessam pelo fenômeno político, não sendo partilhado pelos indiferentes.

c) *o paradigma de Daniel Gaxie*: talvez o mais curioso dentre os elencados por Daniel-Louis Seiler, na medida em que não se baseia num conceito fechado (o de interesse, para o utilitarista, ou o de identificação, para o de Michigan), mas na noção flutuante do que Daniel Gaxie apelida de "competência política". Em síntese, a obtenção do voto depende da competência para lograr a eleição. A motivação do voto reside no grau de perspectiva de alcançar êxito no pleito eleitoral. É o que a praxe política brasileira apelidou de voto útil, sendo de se lhe reconhecer importante

---

[148] SEILER, op. cit., p. 121.
[149] SEILER, op. cit., p. 126.

função limitadora da criação e manutenção de pequenos partidos — talvez muito mais eficaz do que a previsão de uma cláusula de exclusão —, pois partidos com pequenas chances de eleger seus integrantes, justamente em função deste dado, ainda as terão mais diminuídas.

1.2.2 Sistemas eleitorais

Nas democracias representativas, a designação do representante público se dá com base no procedimento de eleição. Adota-se a garantia do procedimento, usualmente definido como um conjunto de etapas concertadas e encadeadas entre si, como se fossem os elos de uma corrente (pois a etapa posterior depende da prática e do modo como foi praticada a anterior), colocando-o a serviço do objetivo de definir e declarar vontade da maioria na escolha daquele que receberá o mandato. Como define Oscar Dias Corrêa, "os sistemas eleitorais fixam os processos pelos quais se expressa a vontade do povo, que, colhida nos pleitos, vai servir para demonstrar a orientação que, na democracia, deve ser imprimida ao Governo".[150]

Este procedimento poderá assumir várias formas, com variantes na seqüência e no modo de realização de suas etapas, cada qual definida em função de um objetivo distinto.

A doutrina costumeiramente agrupa esta gama de procedimento sob o título de sistemas eleitorais, que são empiricamente classificados à luz de alguns traços comuns, pinçados dentre as peculiaridades com que cada nação os delineou, como segue:

Sistema majoritário: será considerado eleito aquele candidato que obtiver maior número de votos do que os dados aos seus concorrentes. Pode obedecer à regra 1) *da maioria simples*: caso em que será considerado eleito aquele que, com qualquer número, tiver mais votos;[151] 2) *da maioria absoluta*: caso em que somente

---

[150] CORRÊA, Oscar Dias. Os partidos políticos: os sistemas eleitorais. *Revista de Ciência Política*, Rio de Janeiro, p. 10, 1971.

[151] Utilizado para as eleições da Câmara Baixa no Reino Unido, no Canadá, Estados Unidos, Nova Zelândia e na eleição para o Senado brasileiro (art. 46, caput, da CF).

será considerado eleito aquele que obtiver metade mais um dos votos validamente expressados; 3) *da maioria absoluta em dois turnos*: utilizada como forma de contornar a grande possibilidade de frustração do sistema de maioria absoluta — derivada da dificuldade na obtenção de percentual tão elevado no resultado eleitoral — pois caso nenhum dos candidatos o alcance em primeira votação, realiza-se um segundo turno, do qual participarão apenas os dois mais votados no primeiro. Dentre estes, será eleito aquele que, na segunda votação, obtiver maioria simples, mesmo porque maioria simples em segunda votação será, matematicamente, maioria absoluta;[152] 4) *de voto alternativo*: também tem o objetivo de garantir que apenas será eleito o candidato que obtiver a maioria absoluta dos votos, fazendo com que os eleitores votem em listas fechadas, assinalando suas opções de preferência (escrevendo 1, 2, 3 ... ao lado do nome de cada candidato). Será considerado eleito aquele que obtiver mais da metade das primeiras preferências.[153]

Sistemas proporcionais: considera-se eleito o candidato cuja votação lhe der colocação, em relação aos demais, dentro do número de cadeiras destinadas ao seu partido ou distrito. Podem obedecer à regra: 1) *do STV (single transferable vote)*,[154] segundo a qual o eleitor enumera suas preferências, independentemente do partido ao qual pertençam os candidatos, tendo assim a prerrogativa de eleger tantos representantes quantas forem as vagas reservadas ao seu distrito. Em primeiro lugar é calculada a quota de votos necessários para a eleição, fixada na Irlanda através da divisão do número total de eleitores pelo número de lugares reservados ao distrito, mais um. Como freqüentemente algumas cadeiras não são preenchidas, utilizam-se duas formas de transferência de votos: a primeira distribui os votos sobejantes dos eleitos para os não eleitos, tendo em vista a seqüência de preferências dos eleitores; a segunda transfere os votos do candidato menos votado, também

---

[152] Utilizado no Brasil para a eleição de Presidente da República (art. 77 da CF), Governador de Estado (art. 28 da CF) e Prefeito Municipal, em Municípios com mais de duzentos mil eleitores (art. 29 da CF).

[153] Utilizado na Austrália para eleição dos membros da Câmara de Deputados.

[154] Utilizado na eleição de deputados das Câmaras Baixas na Irlanda e em Malta.

Bases e perspectivas da reforma política brasileira | 65

com base na preferência do eleitorado, para outros postulantes; 2) *da representação proporcional em lista*: busca fortalecer o sistema partidário[155] na medida em que valoriza os votos dados também ao partido, "fazendo necessária a utilização de procedimentos que definam como as candidaturas individuais serão eleitas".[156] Dentre estes métodos há que os de 2.a) *lista fechada*:[157] em que os eleitores votam não nos candidatos, mas apenas na lista apresentada por cada partido, segundo a ordem de preferência para eleição manifestada pelo próprio partido; 2.b) *lista flexível*:[158] os partidos também apresentam a lista já ordenada aos eleitores, reservando a estes a prerrogativa de alterá-la; 2.c) *lista aberta*:[159] os partidos apresentam relação não ordenada de nomes, cabendo aos eleitores determinar a ordem final dos candidatos. Nesse sistema, o personalismo do mandato alcança seu maior grau; 2.d) *lista livre*: possibilita aos eleitores maior número de opções, pois os partidos apresentam uma lista não ordenada, dando ao eleitor a prerrogativa de votar em tantos nomes quantas forem as cadeiras a serem preenchidas, sendo-lhe inclusive permitido dar mais de um voto a um mesmo candidato (procedimento chamado de *panachage*).[160]

Tanto o sistema de lista fechada como o de lista flexível voltam-se a dar um traço mais forte à importância da votação entregue ao partido na eleição de seus candidatos. Observa Giovanni Sartori que "a distinção relevante, neste particular, é a que existe entre a votação em pessoas e a votação em listas. Presumimos que, se votamos em pessoas, as qualificações e credenciais de cada uma fazem

---

[155] Por essa razão, o Relatório n° 1/98, da Comissão Temporária Interna do Senado Federal para estudo da reforma política, opina no sentido de proibir as coligações em eleições proporcionais, frisando: "Nesse contexto, veda-se a coligação partidária para eleições para a Câmara dos Deputados, Assembléias Legislativas, Câmara Legislativa, no caso do Distrito Federal, e Câmara de Vereadores, visto que este instituto desvirtuaria o sistema ora proposto, já que os partidos devem ter desempenho eleitoral próprio".

[156] NICOLAU, Jairo Marconi. *Sistema eleitoral e reforma política*. Rio de Janeiro: Foglio Editora, 1993. p. 37.

[157] Utilizado nas eleições parlamentares de Israel e parcialmente na Alemanha.

[158] Adotado nas eleições parlamentares da Bélgica, Holanda, Áustria, Dinamarca, Suécia, Noruega e Grécia.

[159] Utilizado no Brasil para a eleição de Deputados Federais (art. 45 da CF), Deputados Estaduais (art. 27, §1° da CF) e Vereadores.

[160] Adotado na Suíça e em Luxemburgo para eleições parlamentares.

66 | Fernando Gustavo Knoerr

diferença e podem tornar-se um fator decisivo; se votamos em listas, elegemos basicamente um partido (seu símbolo, ideologia, programa, plataforma), que, por sua vez, controla os indivíduos eleitos".[161]

Sistema distrital misto:[162] utilizado na Alemanha desde o fim da Segunda Guerra Mundial, consiste na divisão do território alemão em distritos que não se comportam nos limites dos entes federados, pois pautam-se na reunião do mesmo número de eleitores em cada um (em 1993, a Alemanha encontrava-se eleitoralmente dividida em 328 distritos, tendo cada qual 225 mil habitantes. O distrito é uma divisão eleitoral do território. Nas eleições para o *Reichstag* (que tem 656 cadeiras) cada eleitor profere dois votos: um para o representante de seu distrito, outro para o partido. Com este segundo voto estará manifestando sua preferência em relação a uma lista fechada. O primeiro voto destina-se a eleger o deputado do distrito, por maioria simples, e o segundo, os ocupantes das 328 cadeiras, de acordo com o método de representação proporcional. O segundo voto também é considerado para cálculo da votação recebida por cada partido em nível nacional, possibilitando assim a incidência da cláusula de exclusão de 5% dos votos dados à lista ou do êxito em pelo menos três distritos. Para Giovanni Sartori, este sistema privilegia a personalização da eleição, pois "a votação em pessoas caracteriza os sistemas de distritos eleitorais com um só representante eleito pela maioria (incluídos aí, portanto, os sistemas de dois turnos)".[163]

Não obstante a adaptação destes sistemas, voltados sempre à prospecção da fiel vontade do eleitorado, remanesce verdadeiro

---

[161] SARTORI, Giovanni. *Engenharia constitucional*: como mudam as Constituições. Brasília: Edunb, 1996. p. 29.

[162] Perante a antes citada Comissão do Senado, o Senador José Fogaça manifestou-se favorável à adoção deste sistema no Brasil, sustentando: "Tenho uma opinião extremamente favorável ao voto distrital misto. Entendo que o voto distrital misto, além de todas as vantagens aqui explicitadas pelo nobre Senador Sérgio Machado, tem uma outra que é de estabelecer gradualmente, e não à força, mas por uma natural tendência sociológica do eleitorado, uma limitação quanto à pulverização dos partidos políticos. Ou seja, o voto distrital tem o efeito e o mérito de fazer com que o espectro partidário se torne mais enxuto, mais coerente com a realidade sociológica do Brasil. Evidentemente, que se hoje existem cinco ou seis importante correntes políticas no Brasil, são essas as correntes que vão sobreviver a um sistema distrital misto". Relatório nº 01/98 da Comissão Temporária do Senado para estudo da reforma partidária.

[163] SARTORI, op. cit., p. 30.

que os grandes partidos sempre resultam fortalecidos, favorecendo um *continuum* no exercício do poder por estes. Arend Lijphart é categórico ao afirmar que "concretamente, a totalidade dos sistemas eleitorais, e não somente os da maioria e maioria relativa, tendem a sobrecarregar os partidos maiores e a sub-representar os menores".[164]

1.2.2.1 O sistema de listas fechadas

Como já visto anteriormente, o sistema de listas, inaugurado pela Bélgica em 1899, pode apresentar-se de quatro formas distintas: aberta; livre; flexível e fechada ou bloqueada. Trata-se de uma relação de candidatos que cada partido ou coligação coloca à disposição do eleitorado. Vamos examinar melhor o sistema de listas fechadas ou bloqueadas.

Nesta forma, há uma ordem previamente ditada pelos partidos, que é também a ordem dos eventuais eleitos, o eleitor vota no partido, e não em candidatos em específico. Assim, a votação ora obtida pela legenda partidária indica o número de cadeiras às quais o partido terá direito, se o partido obteve votos suficientes para preencher, por exemplo, oito vagas, essas serão ocupadas pelos primeiros oito nomes da lista. A reforma partidária brasileira tem essa questão em pauta, mas faz-se necessária uma análise das vantagens e desvantagens oferecidas pela lista fechada.

É difícil se falar em política partidária no Brasil, uma vez que as campanhas eleitorais são preponderantemente individuais, prevalecendo a ideia de que os partidos políticos pouco ou nada significam e tornando clara a intenção de vários candidatos para os quais não faz diferença o partido ao qual estão filiados, sendo mais importante a campanha pessoal. Conta-nos Luís Virgílio Afonso da Silva "Os partidos brasileiros poderiam ser considerados como um exemplo, provavelmente involuntário, daquilo que a literatura sobre partidos políticos das últimas décadas classifica como o

---

[164] LIJPHART, Arend. *As democracias contemporâneas*. Lisboa: Gradiva Publicações, 1989. p. 211.

fenômeno dos catch-all parties, que seriam aqueles partidos que, abandonando uma estrutura ideologicamente hermética, passam a ter uma visão apenas pragmática das eleições, flexibilizando programas, aceitando todo tipo de candidatos, desde que isso propicie um bom desempenho nas urnas". O grande efeito da individualização das campanhas é a disputa intrapartidária, que incentiva a indisciplina e mina o papel dos partidos políticos, reduzindo-os ao nada. Observa Luís Virgílio Afonso da Silva "é cada um por si e todos contra todos". A preferência eleitoral no sistema de listas fechadas recai unicamente sobre os partidos, ou seja, sobre programas e linhas ideológicas, unificando a linha política da futura bancada. Isto traz, como importante conseqüência, a fidelidade do candidato para com o partido, que estará subordinado à disciplina partidária, condição esta para a posição na própria lista. Ao tornar presentes estes elementos, intenta-se a redução ou mesmo extinção do financiamento ilícito de campanhas e, ainda, a redução da possibilidade de corrupção eleitoral. Entretanto, não se afasta a ideia de que tal sistema pode, também, facilitar a oligarquização intrapartidária, uma vez que o ordenamento das listas provém da influência do candidato na máquina partidária. Ao confrontar estas possibilidades percebe-se que há uma questão fundamental presente, que deve ser observada como um facilitador da reforma partidária: a democratização das organizações partidárias.

1.2.3 Mandato: precisamento terminológico

Quando se trata de representação política, o conceito de representação ganha contornos inéditos, pois ao operar a outorga de um mandato político, nas democracias contemporâneas que de há muito superaram o mandato imperativo, não se dá o poder de representar — de traduzir fielmente a vontade do eleitor, mesmo porque, para que isto ocorresse, seria imprescindível um representante para cada representado — mas se lhe dá muito mais: o poder de dizer qual é a vontade do representado. A manifestação do representante tem efeito constitutivo na vontade do representado, esta não existe sem que aquele a manifeste. Trata-se de verdadeira imputação da vontade do representante aos representados.

O representante impõe ao representado sua opção.

No seu significado inicial, a democracia representativa assinala um modelo de Estado no qual se encontram disciplinadas as formas de tomada de decisões coletivas, absorvendo, gradativamente ao longo da história, o papel de centralização de divergências e disputas dos mais distintos interesses.

Nesta medida, o fundamento da democracia representativa não mais se assenta na representação, mas na representatividade. Como afirma Norberto Bobbio, democracia representativa, distintamente, "[...] é aquela que, ao lançar aos cidadãos perguntas em termos alternativos torna impossível (ou improvável) a representação da sociedade".[165]

É requisito ontológico da democracia a existência de pelo menos dois caminhos distintos. Só há democracia na diversidade, ainda que esta possa vir a ser absorvida na opinião uniforme de uma maioria.[166]

Na contraposição entre representação de interesses e representação política, assume especial relevância a diferença entre mandato vinculado e mandato livre, transitando a representatividade na diferença entre representar unicamente os interesses organizados ou todos os interesses, inclusive os não organizados.[167]

Quando se fala em representação de interesses, trata-se de uma representação de interesses parciais, locais, corporativos ou particulares em contraposição com os interesses gerais, nacionais, coletivos ou comuns, sem que isto queira dizer que a representação política deixe de ser representação de interesses.

A diferença entre ambas as representações está, portanto, na contraposição entre interesses particulares e o interesse geral, o interesse pessoal e o interesse da nação em seu conjunto.

---

[165] BOBBIO. *Norberto...*, op. cit., p. 281-282.

[166] Neste sentido: "La répartition des membres d'un tel échantillon, par âges, par sexes, par niveaux d'éducation, par professions, par types d'habitat est toujours beaucoup plus proche de l'ensemble représenté que ne l'est, par rapport à ceux qui les ont choisis, celle des membres d'une assemblée élue" (GOGUEL, François; GROSSER, Alfred. *La politique en France*. Paris: Librairie Armand Colin, 1964. p. 72).

[167] BOBBIO. *Norberto...*, op. cit., p. 282.

Constatada esta diferença, surge incontornável a questão: pode o interesse geral ser representado? A resposta, em sentido negativo, é fornecida por Norberto Bobbio, quando arremata: "Se assim fosse, a diferença entre a representação de interesses e a representação política não se encontraria em que a primeira refere aos interesses e a segunda a 'algo mais', diferente dos interesses, senão o fato de que uma é representação propriamente dita, e a outra não o é".[168]

Não é por outra razão que Hans Kelsen chamou de "grosseira ficção" à teoria desenvolvida na Assembleia Nacional francesa em 1789, 'segundo a qual o Parlamento, em sua essência, nada mais seria que um representante do povo, cuja vontade se expressaria unicamente nos atos parlamentares".[169]

1.2.3.1 Mandato vinculado ou imperativo

A designação de representantes para exercerem a função pública, segundo anota Josefa Saez de Salassa,[170] procede das práticas políticas feudais, precisamente da relação entre Rei e vassalo. Os vassalos serviam ao Rei, enquanto este lhes dava proteção contra qualquer ataque exterior, devendo consultá-los previamente à criação de qualquer tributo.

Como era próprio da estrutura social feudal, não se reconhecia importância política ao indivíduo, mas somente a grupos: famílias, corporações ou classes às quais pertencesse junto ao restante dos membros do núcleo social.

Nesta linha, em 1302, como registra Jacques Bainville, Felipe IV, Rei da França, foi o primeiro a reunir em Assembleia plenária clérigos, leigos e representantes de cidades, para defender sua política frente ao papa Bonifácio VIII.[171]

A representação assim criada tem como características: a) que o representante fala em nome de um grupo particular, exercendo

---

[168] BOBBIO. *Norberto...*, op. cit., p. 283.
[169] KELSEN, op. cit., p. 79.
[170] SALASSA, op. cit., p. 83.
[171] BAINVILLE, Jacques. *Historia de Francia*. Barcelona: Iberia S.A., 1950. p. 21.

poder do qual, de fato, tem o mero exercício; b) comparece à Assembleia, sendo portador de instruções precisas sobre o seu atuar (portando, os *cahiers* de seus eleitores); c) é responsável pessoalmente pela fiel expressão da vontade daqueles que o indicaram como representante; d) sob pena de revogar-se, por descumprimento, o mandato que lhe fora outorgado.

O mandato imperativo é figura assaz assemelhada ao contrato de mandato do Direito Civil, no qual, acaso não cumpridos satisfatoriamente os encargos atribuídos ao mandatário, pode-se revogá-lo. Se no mandato livre o povo[172] não tem condições de controlar a obra daquele que elegeu, devendo crer na ficção de que seu interesse está sendo defendido, embutido no conceito de vontade da nação, no mandato vinculado, a ideia de representação se afirma de modo muito mais autêntico. Embora também haja, como substrato, uma certa parcela de confiança depositada pelo representado em mãos do representante, deve-se dizer que o mandato vinculado não repousa apenas nessa relação. Vai além, para revestir-se de uma autêntica natureza contratual que impõe ao representante a obrigação de bem e fielmente empenhar-se (a obrigação é de meio) em atender as pretensões de seus representados, pelos instrumentos que lhe são entregues, uma vez eleito, dando a estes o poder de policiá-lo e, acaso constatada a falta de seu adequado empenho (e portanto a ocorrência do que bem pode ser chamado de uma falta contratual), de destituí-lo.

Reforçado pela doutrina rousseauniana,[173] na qual se encontra também a confissão de que não se aplica com eficácia a não ser

---

[172] Por coerência à linha de exposição e ao contexto histórico, o termo deve ser entendido no enraizamento político que lhe confere a obra de Michelet, quando enfatiza que "[...] homem e terra estão juntos e não se deixarão; existe entre eles um casamento legítimo, para a vida e para a morte. O francês desposou a França" (MICHELET, Jules. *O povo*. São Paulo: Martins Fontes, 1988. p. 28).

[173] "A soberania não pode ser representada, pela mesma razão que não pode ser alienada. Consiste essencialmente na vontade geral, e esta vontade não se representa. É a mesma ou é outra, e nisto não há termo médio. Os deputados do povo não são, pois, nem podem ser, seus representantes, são simplesmente seus comissários que não estão aptos a concluir definitivamente. Toda lei que o povo pessoalmente não retificou é nula e não é uma lei. O povo inglês pensa ser livre e engana-se. Não o é senão durante a eleição dos membros do parlamento. Uma vez estes eleitos, tornam-se escravos e nada mais são. Nos curtos momento de sua liberdade, o uso que dela faz bem merece que a perca" (ROUSSEAU, op. cit., p. 115).

em pequenas comunidades, o mandato imperativo transformou-se num paradigma ideal de reforço da relação de confiança,[174] mas levado às últimas conseqüências, na pureza de sua teorização, tem sido apontado como contraditório à própria democracia, pois, nas tentativas de torná-lo real, tem-se verificado a ocorrência de um alto grau de exclusão da participação política daqueles que não reúnem poder suficiente para fazer-se representar.

Ao contrário do que à primeira vista pode-se supor, a culpa pela ineficácia desta teoria é, portanto, muito mais dos eleitores do que dos eleitos, como resta caracterizado nas palavras do discurso pronunciado por Alexis de Tocqueville ante a Câmara de Deputados, em 27 de janeiro de 1848, no qual se expressa claramente a tendência de colocar de lado os interesses particulares: "atrever-me-ia a perguntar se nos últimos cinco, dez ou quinze anos, não cresceu incessantemente o número daqueles que votam por interesses pessoais ou particulares, e se o número daqueles que votam sobre a base de uma opinião política não decresce de maneira igualmente incessante".[175]

Como enfatiza Norberto Bobbio, "em realidade, a escassa eficácia da proibição do mandato imperativo, que é objeto de lamentações constantes por parte dos observadores políticos, se deve em todos os casos ao mútuo interesse em violá-lo, tanto de parte dos eleitores como dos eleitos".[176]

1.2.3.2 Mandato livre

A principal questão a se fazer acerca do instituto é justamente a que busca saber se aquele que fala em nome de outrem, sem estar estritamente vinculado à vontade daquele, pode ser chamado de representante.

---

[174] Nesta cadência, anota A. H. Birch que "O mundo nunca viu uma assembléia representativa que o seja em sentido microscósmico, mas por esta mesma razão, o conceito de representação microcósmica provou ser instrumento particularmente útil para os críticos" (BIRCH, A. H. Natureza e funções da representação. In: KING, Preston (Org.). *O estudo da política*. Brasília: Edunb, 1980. p. 227).

[175] BOBBIO. *Norberto...*, op. cit., p. 286-287.

[176] BOBBIO. *Norberto...*, op. cit., p. 287.

Se for de fato possível afirmar que a representação com mandato livre é uma "grosseira ficção", oportuno se mostra contrapor a esta opinião uma passagem famosa do discurso de Burke, dirigido a seus eleitores do colégio de Bristol (1774), no qual se menciona muito claramente que "o parlamento é uma assembléia de uma só nação, com um só interesse, que é o do conjunto'. Com efeito, a Nação, deste modo, deve ser vista como síntese do todo, e não meramente como soma das partes".[177]

Síntese porque deve guiar-se pelas pretensões mediana e razoavelmente manifestadas pela sociedade civil, sem deixar prevalecer especialmente o interesse de um grupo, ou de um indivíduo, em detrimento do interesse assim definido como geral.

"Não me consta que o povo, que mediante seu voto elegeu seus representantes dos Condados e das vilas", assevera Robert Filmer, "peça conta a seus eleitos. Se o povo tivesse este poder sobre seus próprios representantes, bem poderíamos dizer que a liberdade do povo é um mal. Este deve limitar-se a eleger e a remeter seus eleitos para que atuem ao seu alvedrio (III, 14)".[178]

Com efeito, o instituto do mandato livre, na forma como foi sendo historicamente construído, somente ganha sentido se insuflado pela *trusteeship* de Locke, ou pelos corpos intermediários de Montesquieu.[179]

É o que se coloca no célebre texto do Abade Sieyés, *Qu'est-ce le tiers État?* e também no discurso que dirigira à Assembleia de 17 de junho: "A Assembléia declara que a Nação francesa, ao estar legitimamente representada pela pluralidade de seus deputados, não pode ser detida em suas atividades, nem pode ser suavizada a força de suas decisões, nem por algum mandato imperativo, nem pela ausência voluntária de algum dos membros, nem pelos protestos da minoria [...]".[180]

---

[177] BOBBIO. *Norberto...*, op. cit., p. 284.

[178] FILMER, Robert. *Le patriarche*. Paris: Dalloz, 1958. p. 46.

[179] CHEVALLIER, Jean-Jacques. *As grandes obras políticas de Maquiavel a nossos dias*. 8. ed., Rio de Janeiro: Agir, 1999. p. 112.

[180] SIEYÉS, Emmanuel Joseph. *A constituinte burguesa*: o que é o terceiro estado. 3. ed., Rio de Janeiro: Lumen Juris, 1997. p. 115.

A democracia representativa moderna, surgida em contraposição à democracia direta dos antigos, "deveria ser caracterizada por uma forma de representação na qual o representante, sendo chamado a perseguir os interesses da nação, não pode estar sujeito a um mandato vinculado".[181]

O princípio sobre o qual se funda a representação política é antitético ao que funda a representação dos interesses, pois quem persegue a satisfação dos interesses particulares do representado está sujeito a um mandato imperativo.

Um dos mais profundos debates sobre este tema ocorreu na Assembleia Constituinte francesa de 1791, quando triunfou a concepção segundo a qual, uma vez eleito, o deputado deixa de ser representante de quem o elegeu, para passar a ser representante de toda a nação.

O mandato livre, que era uma prerrogativa da soberania do Rei, foi transferido à soberania da Assembleia popular.

A taxatividade com que a Assembleia Constituinte francesa negou a adoção do mandato imperativo é retratada com contemporaneidade na obra do Abade Sieyés, quando assevera: "conhecemos o verdadeiro objetivo de uma assembléia nacional: não é feita para se ocupar dos assuntos particulares dos cidadãos. Ela considera-os como uma massa, e sob o ponto de vista do interesse comum. Tiremos daí a conseqüência natural: que o direito de fazer-se representar só pertence aos cidadãos por causa das qualidades que lhes são comuns e não devido àquelas que os diferenciam".[182]

Este plano é acatado no artigo 7º (tít. III, cap. II, sec. 3) da Constituição francesa de 1791, quando prevê que: "Os representantes eleitos nos Departamentos não são representantes de um Departamento específico, senão da Nação inteira, e não poderão receber mandato algum".[183]

---

[181] BOBBIO. *Norberto...*, op. cit., p. 247.

[182] SIEYÉS, op cit., p. 117.

[183] TRICOT, Bernard et al. *Les institutions politiques fraçaises*. 12. ed., Paris: Dalloz e Presses de la Fondation Nationale de Sciences Politiques, 1999. p. 37-38.

Com sua criação, Abade Sieyés transfere a autoridade do Rei para a nação, a qual, por direito natural, é titular do poder político. No entanto, para exercê-lo, necessita de órgãos capazes e aptos para captar e expressar sua vontade.

É de se ver que Abade Sieyés encontra-se apoiado em um conceito individualista de representação, estabelecendo a relação, não entre Estado e grupos, ou famílias, como o fez Jean Bodin, mas entre governo e indivíduo, através de representantes. Elimina do campo político qualquer tipo de grupo, ordem ou corporação, respeitando como único elemento vinculatório, a qualidade de cidadão.

Cidadão padronizado como modelo de indivíduo desprovido de qualquer interesse pessoal, membro da comunidade, igual a todos os demais e único ente indivisível a quem se outorga o direito de representação.

O indivíduo é o modelo celular do qual parte a teoria política do Abade Sieyés, fazendo eco ao individualismo racionalista emergente do Iluminismo.

O representante é independente de seus eleitores, já que sua atuação é entendida como expressão direta e soberana da vontade da nação. O representante torna-se um funcionário que tem o poder de decidir pelo que julga ser a vontade da nação, sempre que seu poder lhe tenha sido reconhecido pela Constituição e pelas leis eleitorais.

O sufrágio, um dos modos e instrumentos de participação, ou na formação da lei ou na designação de governantes, aparece como o instrumento exclusivo para que o exercício do poder seja legítimo e representativo.

Legítimo porque com o sufrágio se transfere a quota de poder e o consentimento necessário para assumir a autoridade. Representativo porque com ele não se transfere a vontade, mas apenas o poder de defini-la e expressá-la.

G. W. F. Hegel reafirma esta constatação ao explicar em sua Filosofia do Direito que justamente porque sua relação com os eleitores se baseia na confiança (*Zutrauen*), eles não são mandatários (*Mandatarien*).[184]

---

[184] HEGEL, op. cit., p. 365.

1.2.4 Representação na contemporaneidade e o fenômeno da globalização

Conforme a evolução histórica dos partidos, o modelo político de Estado vigente em determinado período é o elemento determinante da conformação dos parâmetros de representatividade. Na reação engendrada contra o *Ancién Regime* logo após a estruturação dos Estados Nacionais modernos, ao Estado Liberal inglês do século XVII bastou a entrega do mandato[185] pautado na confiança de que este não seria exercido em agressão aos direitos individuais, e nesse sentido se podia falar em vontade geral sem medo de errar, pois era constatável que a vontade geral sempre se manifestaria em favor da salvaguarda daqueles direitos.[186] Sequer havia necessidade de se exercer um controle ferrenho sobre a estrutura administrativa do Estado, bastando aos indivíduos que a legalidade fosse observada. Começa a desenhar-se o constitucionalismo,[187] bastando ao controle do aparato estatal a permanência da garantia de participação segundo os padrões da democracia liberal,[188] mesmo porque esta estrutura era bastante enxuta, sendo,

---

[185] "Segundo MacPherson, o Estado liberal surgiu para proteger os interesses daqueles que controlavam os meios de trabalho. A princípio não era um Esatdo democrático, a que só se chegou através do crescimento das pressões vindas de baixo" (CRESPIGNY, Anthony de; MINOGUE, Kenneth R. *Filosofia política contemporânea*. Brasília: Edunb, 1979. p. 305).

[186] BONAVIDES, Paulo. *Do estado liberal ao estado social*. 4 ed., Rio de Janeiro: Forense, 1980. p. 2.

[187] Começa a desenhar-se o constitucionalismo, observa Alexandre de Moraes, como meio de atender a necessidade "de limitação e controle dos abusos do poder do próprio Estado e de suas autoridades constituídas e a consagração dos princípios básicos da igualdade e da legalidade como regentes do estado moderno e contemporâneo" (MORAES, Alexandre de. *Direitos humanos fundamentais*. São Paulo: Atlas, 2000. p. 19).

[188] MCPHERSON, C. B. *La democracia liberal y su época*. 5. ed., Madrid: Alianza editorial, 1997. Vale recordar que este modelo de democracia liberal demanda a separação de poderes concebida por John Locke e consagrada por Montesquieu, pois "la idea de la división de poderes suele entenderse como integrada por dos componentes. Por un lado, hace referencia a la garantía jurídica del principio de legalidad que implica la supremacía de la ley. Esta no se concibe, sin embargo, sólo en el sentido jurídico estricto de conceder prioridad a la norma con rasgo formal de ley en el ordenamiento jurídico y sobre todos los actos del Estado, sino también en el sentido más amplio de cumplir la pretensión de asegurar la existencia de un gobierno de las leyes y no de los hombres. Y, por otro lado, hace referencia a un principio de equilibrio que, como presupuesto político, se funda genéricamente en la idea de la no unilateralidad y se plasma en la conciencia de que los órganos del Estado tienen que limitarse y frenarse entre sí para evitar una excesiva concentración de poder" (SERRANO, Rafael de Agapito. *El principio de la división de poderes*. Madrid: Tecnos, 1989. p. 120).

no entanto, suficiente para o desempenho das reduzidas funções que lhe eram entregues ao exercício. A estrutura condiciona-se à vista da função, como bem demonstrou Norberto Bobbio ao longo da obra *Dalla struttura alla funzione*.[189] Era a época do Estado mínimo,[190] quanto à estrutura. Do Estado de direito,[191] quanto ao modelo jurídico político.

Vendo-se premida a fazer frente às mazelas sociais geradas pela primeira (eclodida a partir do uso da máquina a vapor) e pela segunda (sustentada pelo uso da energia elétrica) Revoluções Industriais[192] (dentre as quais se pode elencar a urbanização acelerada e o alto nível de desemprego, gerado pela substituição do trabalho manual pelo maquinizado),[193] a estrutura do Estado teve que se transformar, para, a par do respeito aos direitos individuais,[194] passar a atender também os chamados direitos sociais, entendidos como fundamentais à sobrevivência e à sustentação da própria ideia de pessoa, com a dignidade que lhe é imanente.

O Estado agora passa a ter obrigações perante o indivíduo, destinadas à satisfação das pretensões embutidas nos direitos sociais. Surge, assim, o modelo político de Estado Social (*welfare state*), caracterizado pela jurisdicização da relação entre indivíduo e espacialidade pública (com sensível tendência para a jurisdicionalização também dos partidos políticos, como adiante será ressaltado), bem assim por um grande aumento da estrutura estatal. Se as funções agora são muitas e complexas, pois além de tutelar os direitos individuais (exercidos diante do Poder Público) o Estado deverá

---

[189] BOBBIO, Norberto. *Dalla struttura alla funzione*. 2. ed., Milano: Edizionni di Comunitá, 1977. p. 30.

[190] Assim chamado por SORMAN, Guy. *O estado mínimo*. Rio de Janeiro: Instituto Liberal, 1988. p. 13.

[191] RAWLS, John. *Uma teoria da justiça*. Brasília: Edunb, 1981. p. 186.

[192] CROSSMAN, R. H. S. *Biografia del estado moderno*. 4. ed., Ciudad del México: Fondo de cultura económica, 1992. p. 132.

[193] PERRY, Marvin. *Civilização ocidental*: uma história concisa. 2. ed., São Paulo: Martins Fontes, 1999. p. 444-445.

[194] Como observa Nelson Saldanha: "do mesmo modo que não é pertinente dizer, a respeito do Estado liberal, que este extinguiu por inteiro os traços montados pelo absolutismo, também não convirá afirmar, do Estado social, que eliminou totalmente as estruturas liberais" (SALDANHA, Nelson. *O estado moderno e a separação de poderes*. São Paulo: Saraiva, 1987. p. 63).

também atender os direitos sociais (exercidos através da estrutura estatal), e esta estrutura sofrerá proporcional majoração.[195]

A legitimação que, na vigência do Estado Liberal, repousava no respeito aos direitos individuais desloca-se, na sobrevinda do modelo de Estado Social, para a prestação de serviços (de saúde, de educação, de garantia de um padrão alimentar mínimo, de previdência social, de facilitação de acesso à casa própria, etc.). Quanto mais variados e melhores forem os serviços prestados, mais legítimo será o exercício do poder, pondo-se a sustentabilidade da legitimação a serviço do agigantamento de estrutura estatal.[196]

Ao tempo em que proporciona a fruição destes serviços, deve o Estado zelar por fazê-lo dentro de um padrão de isonomia formal que, como tal, não permita distinções, discriminações, no acesso e na qualidade de sua prestação.

O atendimento a este padrão mostra-se possível através da adoção de procedimentos que, dando especial ênfase à legalidade, extirpam a possibilidade do concurso da vontade pessoal do governante na condução da máquina estatal. O procedimento é a garantia da igualdade.

Ao tempo em que se movimenta no seguimento das etapas de procedimentos, a estrutura do Poder Público se distancia do indivíduo, tornando-se impessoal.

Com a conclusão de que a garantia da igualdade repousa na impessoalidade, Max Weber, como relator da Constituição da República de Weimar de 1919,[197] consagrou a conjunção do modelo de Estado Social com a burocracia.

O agigantamento da estrutura estatal, a par de isolar o exercente do poder político dentro de uma estrutura de Estado, em que cada servidor público tem plena consciência das atribuições e dos limites inerentes ao seu cargo, fixados em lei, passa a consumir grande parte dos recursos arrecadados pelo Estado, tornando-se

---

[195] BONAVIDES. *Do estado...*, op. cit., p. 208.
[196] Nesse sentido LEFORT, Claude. *Pensando o político*. São Paulo: Paz e Terra, 1991. p. 39.
[197] Apontada como a primeira Constituição de Estado Social na Europa. Foi precedida pela do México, promulgada em 1915. Mais detalhes em BONAVIDES, Paulo. *Curso de direito constitucional.* 5. ed., São Paulo: Malheiros, 1994. p. 205-206.

auto-referente na medida em que atua não mais para prestar bons e variados serviços, deixando assim de fomentar sua legitimidade, mas para manter-se enquanto estrutura.

Configura-se a crise de governabilidade, incentivada pela noção de que tudo que o Estado faz é custoso e tardio; numa palavra: ineficiente.[198] A falta de confiança (e longe já está a *trusteeship*) do indivíduo na atuação do Estado vem a justificar a concepção de um sistema de controle chamado burocrático, de meio ou procedimental, exercido próxima e constantemente, já que incidente nas etapas dos procedimentos trilhados pela Administração.[199] Contudo, este controle também se revela ineficaz, pois, adstrito à legalidade, mostra-se refratário à própria causa dos excessos: a lei.

A importância deste modelo de Estado para a possibilidade de acumulação de capital em países de capitalismo tardio — levada a efeito pela desvalorização da moeda como forma de investimento dos recursos públicos, e de captação de recursos externos[200] — deu-lhe tamanha força a ponto de fazer nascer um burocratismo revestido das seguintes características:

a) complexidade da estrutura da Administração Pública;

b) adoção da hierarquia como critério de organização;

c) ordem hierárquica rígida, pois prevista e preservada em lei, à qual se reserva competência exclusiva para efetivação do processo de descentralização, assim como para a criação de cargos, carreiras e fixação de vencimentos;

---

[198] GRAEF, Aldino. Mudança de governo: propostas para uma reforma administrativa democrática. *Cadernos ENAP*, Brasília, p. 81, 1994.

[199] VASCONCELOS, Evandro Ferreira. Princípios da reforma administrativa. *Cadernos ENAP*, Brasília, p. 17, 1994.

[200] Na ocasião lecionou Antonio José Avelãs Nunes: "se é certo que a continuidade do desenvolvimento da economia brasileira assenta nas possibilidades de acumulação do sector dos bens de consumo duradouros (quase uma 'reserva' das multinacionais), não é menos certo que a acumulação de capital se encontra largamente dependente da acção do Estado, cuja função como operador económico se tem reforçado 'a medida que avança o processo de industrialização. Como vimos, a crise aberta em 1962 provocou a agudização das profundas contradições do capitalismo dependente brasileiro, e acabou por conduzir ao golpe militar de 1964, do qual resultou uma alteração substancial na forma de inserção do Estado na sociedade brasileira" (NUNES, António José Avelãs. Industrialização e desenvolvimento. *Boletim da Faculdade de Direito*, Coimbra, v. 24-25, p. 613-614, 1992).

80 | Fernando Gustavo Knoerr

d) estrutura burocratizada que ganha poder próprio e passa a fomentar um corporativismo que resulta na adoção de privilégios, tais como a estabilidade para todos os cargos, até mesmo para aqueles cujo regular exercício de atribuições dela não necessita, ou ainda, a equiparação de vencimentos, proventos e pensões, como ocorre na experiência brasileira;

e) regime jurídico idêntico para todas as carreiras;

f) controle burocrático, de meio ou procedimental, porque exercido passo a passo por auditorias internas, externas, por tribunais de contas, em qualquer movimentação do aparato administrativo;

g) elevado distanciamento entre os vencimentos mínimo e máximo nas carreiras administrativas.

Da conjunção de todas estas características surge um modelo de Estado altamente centralizado na noção de que o indivíduo jamais exercerá todos os seus direitos fundamentais sem a participação da estrutura do Estado, gerador de profunda dependência do indivíduo em relação à Administração Pública.

Amarrado por um controle burocrático e pela rigidez decorrente da estabilidade da lei, sua movimentação em tempo de acorrer às demandas sociais somente é possível através de exceções como a medida provisória, no Brasil, a liminar, a contratação com dispensa de licitação ou a contratação temporária, sem concurso público. O exercício do poder transforma as exceções em regra.

A crise de governabilidade, com sério comprometimento do nível de legitimação, acarreta uma acentuada queda nos níveis de crescimento dos países desenvolvidos ou em desenvolvimento, alastrando-se assim em proporções mundiais, embora em períodos distintos.[201]

Começa a desenhar-se a globalização,[202] pois "a partir do momento em que a fronteira não é mais um dado, seja de empresa

---

[201] STRECK, Lênio Luiz; MORAIS, José Luis Bolzan. *Ciência política e teoria geral do estado*. Porto Alegre: Livraria do Advogado, 2000. p. 133-134.

[202] Referida por Marcelo Figueiredo como mundialização. FIGUEIREDO, Marcelo. *Teoria geral do estado*. 2. ed., São Paulo: Atlas, 2001. p. 45.

Bases e perspectivas da reforma política brasileira | 81

ou de Estado, a função de dirigir, e, portanto, a natureza do poder, muda".[203] Esta crise é enfrentada de antemão (já nas década de 70) pela Europa industrializada (Inglaterra, França, Alemanha e Holanda) e por alguns países de colonização anglo-saxã (Austrália, Nova Zelândia, Canadá e EUA, este em menor proporção), surgindo nestes as primeiras tentativas de superação desta crise, posteriormente adotadas pela América Latina e África como vetores de um novo caminho a ser seguido.

1.2.4.1 O "neoliberalismo" do modelo anglo-saxão

Implantado na Inglaterra o modelo *Whiteball* durante o governo Tatcher (1979 em diante), seguiu-se a mesma linha na nova Zelândia, na Austrália e, há mais tempo, nos EUA.[204]

No amargor da conclusão de que o Estado é um mal gerente, busca-se resolver a crise de legitimidade através da separação entre o que de fato constitui a matriz, a essência da atividade estatal, e o que pode ser desempenhado por particulares, não obstante o relevo público.[205]

O setor público gradativamente renuncia ao seu papel de gestor econômico, continuando a manter um forte papel social.[206]

A experiência britânica é caracterizada pela alteração da Administração Pública a partir dos seguintes aspectos:

a) o setor público praticamente deixa de existir na atividade econômica direta;

b) as funções sociais, cuja titularidade permanece em mãos do Poder Público, passaram a ser orientadas por critérios gerenciais e de mercado;

c) a criação de paramercados (áreas de mercado garantidas pelo Poder Público, mas compartilhadas, em regime de

---

[203] GUÉHENNO, Jean-Marie. *O fim da democracia*. Rio de Janeiro: Bertrand Brasil, 1994. p. 71.

[204] FERLIE, Ewan et al. *A nova administração pública em ação*. Brasília: Edunb, 1999. p. 17.

[205] ABRUCIO, Fernando Luiz. O impacto do modelo gerencial na administração pública. *Cadernos ENAP*, Brasília, p. 42, 1997.

[206] PEREIRA, Luiz Carlos Bresser; GRAU, Nuria Cunil. *O público não-estatal na reforma do estado*. São Paulo: Fundação Getúlio Vargas, 1999. p. 17.

concorrência aberta, com a iniciativa privada). Exercendo a prerrogativa de controle sobre os paramercados surgem as agências autônomas e semiautônomas (sem poder regulador, chamadas agências *next-steps*).

Do escalonamento hierárquico, a Administração Pública passa a estabelecer níveis, não de absoluta coordenação, mas de pequena hierarquia, de quase horizontalidade, com os particulares. Trata-se do chamado *downsizing*,[207] como processo de diminuição dos níveis hierárquicos na estrutura da Administração Pública, passando para esta quase horizontalidade. O processo de descentralização, operado através de lei, encontra substituto no contrato, operacionalizando esta quase horizontalidade.

Em relação aos servidores públicos, as funções do que era a elite do serviço público passam a ser gradativamente entregues à iniciativa privada, dentro de um alto grau de especialização. Opera-se a separação entre um pequeno núcleo estratégico e uma grande periferia operacional,[208] preferentemente integrada por entes do terceiro setor.

A noção de Administração Pública, assim como a de serviço público, passa a ser uma tela vazia, podendo-se pintar nela o que bem se entender,[209] sob o mote de que é necessário pôr em prática este plano de reestruturação da Administração Pública aos ditames da comunidade globalizada, que terá evidentes repercussões na conformação política do Estado já que toca de perto com a legitimidade e com a governabilidade.

Aliam-se, assim, as tentativas de reestruturação do Estado ao conceito de globalização. O capitalismo torna-se mais ágil e agressivo, fazendo enormes cifras cruzarem fronteiras num segundo, no átimo do apertar de uma tecla. De industrial, passa a financeiro, elevando os níveis de competitividade internacional e o protecionismo dos chamados países centrais em relação às suas empresas e empregos. Surge um processo generalizado de concentração

---

[207] FERLIE, op. cit., p. 25.
[208] FERLIE, op. cit., p. 29.
[209] FERLIE, op. cit., p. 26.

Bases e perspectivas da reforma política brasileira | 83

de renda e de aumento, sem precedentes, da violência social nos Estados periféricos.

Inaugura-se uma nova forma de colonialismo, caracterizada pela relativização da soberania dos Estados periféricos diante das ingerências de entes transnacionais. "As nações descolonizadas", frisa Guéhenno, se liberaram do jugo colonial para caírem em outra servidão, aquela que lhes é imposta pelas organizações internacionais, pelo Banco Mundial e pelo Fundo Monetário Internacional".[210]

Como constata Paulo Bonavides, "na mesa verde das bolsas — que é o cassino das finanças — os direitos da terceira geração, com o direito dos povos ao desenvolvimento, são friamente imolados. Hecatombes financeiras desabam sobre os chamados países emergentes por obra de um cálculo de especuladores, que vêem o lucro e não o homem, o capital e não a vida, o interesse e não o trabalho".[211]

É com as características deste contexto que se estrutura o modelo de Estado chamado "neoliberal", em denominação que merece crítica diante da notória impossibilidade histórica de retorno à matriz de Estado Liberal.

1.2.4.2 Representatividade e globalização

O debate que se tornou clássico sobre a representatividade na modernidade limitou-se a contrapor, como problemática central da definição do mandato político, a defesa do interesse particular à do interesse geral, operada pela prevalência da vontade da maioria em detrimento da insinuada pela minoria.

Tratava-se de saber qual parcela do povo teria condições de impor sua vontade à outra, no concurso para a formação da vontade da nação.

Não obstante permaneça o interesse genérico deste debate, na pós-modernidade[212] seu sentido se esvazia sobremaneira na

---

[210] GUÉHENNO, op. cit., p. 16.

[211] BONAVIDES. Do estado..., op. cit., p. 21.

[212] Termo que deve ser entendido no detalhado sentido que lhe outorga Alain Finkelkraut para referir não apenas uma época, mas o radical rompimento com as concepções padronizadas

medida em que o avanço do poder exercido pelos Estados centrais além de suas fronteiras, eclipsando a soberania dos Estados periféricos,[213] notadamente após o fim da guerra fria,[214] redimensiona a representatividade, coloca em disputa a vontade da nação e a vontade externa, expressada com foros de globalidade. Bem sintetiza Pascal Bruckner que "la célèbre formule de Churchill ('La démocratie, le pire des régimes à l'exception de tous les autres') devieenn caduque. Quand la majorité des États acceptent nos normes politiques, que va-t-il nous rester pour nous définir?"[215]

Na esteira, perde sentido falar-se em vontade da nação, pois ao Parlamento dos países periféricos incumbirá optar entre expressar a vontade de seu Estado, afirmando-a diante do interesse globalizado que lhe soe prejudicial, ou consagrar o interesse dito global. Ganha sentido, nesse viés, a ressalva de Jean-Fabien Spitz, para quem "il ne s'agit donc pas de savoir qui détienr le pouvoir ou si celui-ci est également réparti entre tous, mais uniquement de considérer la substance des décisions pour dire si elles sont 'égalitaires' au sens de l'égalité de respect et d'attention".[216]

---

na Modernidade. Neste sentido: "O ator social pós-moderno aplica na sua vida os princípios que os arquitetos e os pintores usam em seu trabalho: substitui como eles, os antigos exclusivismos pelo ecletismo; recusando a brutalidade da alternativa entre academicismo e inovação, mistura soberanamente os estilos; no lugar de ser isto ou aquilo, clássico ou vanguarda, burguês ou boêmio, une à sua maneira as predileções mais disparatadas, as inspirações mais contraditórias; leve, móvel e não preso a um credo e paralisado em um domínio, gosta de passar sem obstáculos de um restaurante chinês a um clube antilhano, do cuscuz ao *cassoulet*, do *jogging* à religião ou da literatura à asa-delta" (FINKELKRAUT, Alain. *A derrota do pensamento*. São Paulo: Paz e Terra, 1988. p. 131. Idêntico sentido é encontrado na obra de SANTOS, Jair Ferreira dos. *O que é pós-moderno*. 19. reimpressão. São Paulo: Brasiliense, 2000).

[213] Como afirma David Sanchez Rubio, ao discorrer sobre a teoria da dependência: "Las repecusiones y los efectos del mismo sistema capitalista sobre los países dependientes, a grandes rasgos y sincrónicamente, se sintetizan en que la toma de decisiones que afectan el propio destino de los países capitalistas periféricos son ejercitadas pelos países capitalistas del centro" (RUBIO, David Sanchez. *Filosofía, derecho y libertación en América Latina*. Bilbao: Editorial Desclé de Brouwer, 1999. p. 24).

[214] SARTORI, Giovanni. *La democracia después del comunismo*. 2. ed., Cidade: Alianza Editorial, 1994. p. 23. WIGHT, Martin. *A política do poder*. Brasília: Edunb, 1985. p. 135.

[215] BRUCKNER, Pascal. *La mélancolie démocratique*: comment vivre sans ennemis? Paris: Éditions du Seil, 1992. p. 44.

[216] SPITZ, Jean-Fabien. La conception dworkienne de la démocratie et ses critiques. *Archives de philosophie du droit*, Paris, p. 288, 2001. t. XLV.

O *pactum subjectionis* de Thomas Hobbes[217] está ganhando dimensões globais, pois se a modernidade ainda permitia separar os parâmetros da política interna e da externa, o mesmo não ocorre na pós-modernidade.

O artifício se repete: da mesma forma que a burguesia encontrou condições de estampar em lei a sua vontade sob o mote de vontade geral, destinada a resguardar a liberdade de todos, os países centrais invadem a soberania dos países periféricos em nome do interesse mundial, patrocinados por organizações transnacionais como ONU, FMI e CEE, em nome da tutela do patrimônio ambiental mundial, dos interesses indígenas ou do realinhamento econômico.[218] O que era o mito do interesse geral é hoje o suposto interesse global.

Esta intervenção é incentivada muitas vezes até pelo Estado que a está experimentando, mediante a persuasão de que o interventor está agindo corretamente. A verdade sempre está do lado do interventor, que se arroga inclusive o papel de cumpridor de uma missão de interesse de toda a humanidade.

Não é sem razão, por exemplo, que a Amazônia é considerada patrimônio da humanidade, "com assalto à soberania brasileira, debaixo de pretextos de defesa da floresta, da ecologia, do meio ambiente, da sobrevivência das culturas autóctones tudo exposto e aliciado em linguagem macia de envolvente sedução, citando a Amazônia como patrimônio da humanidade e pulmão do planeta e, por isso mesmo, como algo que, de necessidade, deveria ser tombado".[219]

A defesa intransigente do que se considera verdadeiro e bom, tão nefasta para a democracia, confere um caráter messiânico à política externa dos países centrais, destruindo paulatinamente a sustentabilidade de uma relação democrática no plano internacional. Lembra Pierre Milza que "na França, o sentimento de ter sido a

---

[217] Nesse sentido, RIBEIRO, Renato Janine. Hobbes: o medo e a esperança. In: WEFFORT, Francisco. *Clássicos da política*. 9. ed., São Paulo: Ática, 1998. p. 60-66.

[218] BONAVIDES, Paulo. *Do país constitucional ao país neocolonial*: a derrubada da Constituição e a recolonização pelo golpe de Estado institucional. 2. ed., São Paulo: Malheiros, 2001. p. 51-53.

[219] BONAVIDES. *Do estado...*, op. cit., p. 54.

primeira, entre as nações do velho continente, a encarnar os valores progressistas de liberdade, de soberania popular, de respeito pelos direitos humanos etc., não deixou nos últimos dois séculos de justificar um intervencionismo nos negócios da Europa e do mundo".[220] Assim se explica o fato de alguns países estarem a reclamar a adoção de voto ponderado nas Assembleias da ONU, como noticiado por Norberto Bobbio.[221]

Bem afirmou Jacques Vernant que "enquanto a sociedade internacional for composta de Estados cuja característica essencial continuar sendo a soberania, a relação entre a política interna e a externa poderá ser esquematizada como a relação entre o dentro e o fora".[222]

A soberania da modernidade, lastreada nas lições de Jean Bodin, sofreu uma *capitis deminutio*, transformando-se na "soberania relativa" a que aludiu Mitterand, pois "não há mais assuntos estrangeiros. Há uma tradução externa das políticas internas, há uma capacidade de expansão para o exterior daquilo que constitui as prioridades internas".[223]

Diante deste contexto, calha com perfeição aos planos de expansão da soberania dos países centrais a projeção da adoção, apresentada por vezes como um projeto de reforma política (como o que se encontra em curso no Brasil), de uma forma de representação que não permita ao mandatário opor resistência, nos casos em que esta for recomendada por sua consciência.[224]

---

[220] MILZA, Pierre. Política interna e política externa. In: RÉMOD, René (Org.). *Por uma história da política*. Rio de Janeiro: Ed. UFRJ, 1996. p. 371.

[221] BOBBIO. *Norberto...*, op. cit., p. 287.

[222] VERNANT, Jacques. *Les conditionnements internes de la politique étrangére, em L'élaboration de la politique étrangére*. Paris: PUF, 1996. p. 36.

[223] Trecho de conferência realizada em 9 de julho de 1981 na Associação de Imprensa Anglo-Americana, apud MILZA, op. cit., p. 369.

[224] Trata-se de possibilitar o exercício de uma objeção de consciência, que "persigue la excepción de un determinado deber jurídico para el objetor, porque el cumplimiento del mismo entra en colisión con su propia conciencia. La objeción no va contra el sistema de derechos en general (desobediencia revolucionaria), sino exclusivamente contra la obligatoriedad de la norma para el propio objetor de conciencia, ya que él se encontraría entre el dilema de obedecer a la norma o a su propia conciencia. Tampoco pretende el objetor la exoneración de un deber jurídico, lo que atentaría contra el principio de igualad, sino la sustitución de este deber por otro deber social, incluso, si es preciso, más oneroso que el deber excepcionado" (SORIANO, Ramón. *Las libertades públicas*. Madrid: Tecnos, 1990. p. 24-25).

Busca-se ceifar a liberdade no exercício do mandato, atrelando-a ao máximo aos interesses da cúpula partidária, esta, sim, já mais facilmente predisposta à influência dos interesses externos, mesmo porque seus integrantes dependem do apoio deste para continuarem como tais.

Prega-se, em síntese, um certo retorno do mandato imperativo, não conforme'a teoria de Jean-Jacques Rousseau, pois o exercício do mandato não deverá ser obediente à vontade dos eleitores, mas apenas da cúpula partidária, numa enformação muito mais conveniente para os fins buscados.

A revogação da liberdade no exercício do mandato elimina a possibilidade da diferença, da divergência, que de há muito fundamenta a democracia. Por essa razão, "a proibição do mandato imperativo deve considerar-se como um elemento estrutural da democracia representativa, já que é uma condição necessária 'para possibilitar a atividade representativa, entendida como atos para o povo em sua totalidade".[225]

Esta relação entre democracia e interesse tem ocupado o foco central das mais relevantes teorizações políticas, em função de várias contingências:

1. A ênfase do elemento econômico na prática política faz surgir um mercado político ao lado do mercado econômico, transformando a relação travada entre eleitor e eleito numa relação de troca. Trocam-se votos por benefícios patrimoniais, por cargos na Administração Pública. Deve-se entender esta constatação como uma conseqüência natural da superlativação do modelo de Estado Social. Os direitos sociais — ou sua implementação, ou sua melhoria — transformam-se na principal moeda de troca.

Acrescente-se que o voto, posto como moeda de troca, encontra-se em franca desvalorização, mormente nos regimes em que é obrigatório. Cabe perguntar, como o faz Celso Antônio Bandeira de Mello, "que qualificação terá para escolher 'o representante', se não tem empenho algum em se fazer apresentar? Que 'representante

---

[225] BOBBIO. *Norberto*..., op. cit., p. 291).

será aquele que se elege com votos de quem não pretendia ser representado? Por que deverão os demais membros do corpo social, ciosos dos direitos e deveres inerentes à cidadania, ser assujeitados aos atos de mandatários cuja investidura esteja tisnada pela marca original da indiferença de quem concorreu para elegê-los?"[226]

2. Como tópico de uma sociedade industrial avançada, grande parte da resolução dos problemas sociais não mais depende do exercício do poder político, mas da busca do consenso, do acordo em contrato, entre grandes organizações empresariais, obedientes unicamente a uma racionalidade mercadológica. Mais do que nunca, a legitimidade numa democracia repousa na capacidade de obtenção de consenso entre os sujeitos determinantes do modelo econômico.

A representação política não mais se restringe aos meios estatais de exercício do poder, exercendo-se agora diante do poder, ao qual se reserva o papel de esforçar-se na obtenção do consenso como fator de sustentabilidade de sua legitimidade.

Relações de poder passam a ser relações de intercâmbio, travadas sem a exclusividade de participação do Estado. O Estado não é mais o único ator político, e talvez nem o mais importante.[227]

Por esta razão, como consigna João Féder, "ainda que estejamos todos subjugados pelo hábito de recorrer aos exemplos do passado para melhor analisar ou construir o futuro, é relevante reconhecer que as transformações sociais, econômicas e políticas têm sido tão profundas e radicais que dificilmente poderemos nos socorrer do passado para idealizar um novo modelo de Estado".[228]

---

[226] BANDEIRA DE MELLO. *Representatividade...*, op. cit., p. 43. Esta conclusão é endossada em pesquisa realizada por Bernardo Jablonski, na qual constata que, para o brasileiro, "o político que mais se aproxima do ideal, percentualmente, é: Nenhum com 34%; Não sabe com 14%...Quanto às respostas dos sujeitos sobre em quem votariam, caso a eleição para Presidente da República fosse hoje, Ninguém aparece em primeiro lugar com um valor igual a 28%, seguido de Não sabe com 21%" (JABLONSKI, Leonel. A imagem do político brasileiro: piorando o que já era ruim. *Revista de Ciência Política*, Rio de Janeiro, v. 32, n. 3, p. 46, maio./jul. 1989).

[227] Assim o tratavam as teorias políticas tradicionais, como bem retratadas por BONAVIDES, Paulo. *Ciência política*. 8. ed., Rio de Janeiro: Forense, 1992. p. 108.

[228] FÉDER, João. *Estado sem poder*. São Paulo: Max Limonad, 1997. p. 181.

Na teorização política moderna (de Maquiavel a Jean Bodin, de Thomas Hobbes a G. H. F. Hegel, chegando a Georg Jellinek, Hans Kelsen e Max Weber) o que diferenciava o Estado de todos os demais entes era o domínio, exclusivo daquele, pois destinado a exercer a *summa potestas*. Assim se diferenciavam a espacialidade pública e a privada.

Gradativamente, o critério de organização da estrutura do Estado, que repousava na lei, transfere-se para a matriz consensual do contrato.

A relação entre indivíduo e Estado, de vertical que era, passa por modificações que vão desde a supressão de instâncias de poder até o estabelecimento quase que integral de uma horizontalidade, como já referido.

O Estado não é mais o soberano, mas um sócio, um parceiro do capital privado que não conhece fronteiras.

Chega a ser possível, nesse contexto, até mesmo afirmar um retorno do contratualismo, traduzido na volta do exercício direto do poder por entes privados. Não se pode olvidar que no contratualismo clássico partia-se de um acordo firmado apenas por indivíduos, absolutamente iguais, o que já não ocorre, principalmente em se considerando que desta avença participa também o capital internacional.

Neste neocontratualismo, não mais há indivíduos, mas grupos privados (de trabalhadores, de industriais, de empresários, de interesses "globalizados") exercendo o poder político na mais evidente defesa de interesses egoísticos. O bem comum é encontrado no concerto resultante da defesa destes interesses egoísticos.

A democracia passa a ser uma policracia. Não há mais sequer a busca da expressão da vontade de todos, mas autenticamente daqueles que conseguem fazer valer seus interesses, exercendo o domínio através de acordos de interesses (contratos), "tanto que se chega a mencionar um 'duplo Estado', ou seja, a presença simultânea de dois sistemas paralelos para a formação da vontade coletiva (o velho sistema em que predomina a imposição), e o novo — que na realidade é mais velho que o anterior —, no qual parte da vontade coletiva se forma mediante acordos que o primeiro sistema somente ratifica, do mesmo modo que se ratificam os tratados internacionais e os acordos, e também, finalmente, se representa esta transformação como uma revanche da sociedade civil sobre o Estado, ou inclusive como o final do âmbito do político enquanto coincidente com o do Estado".[229]

Seria precipitado afirmar que esta transformação do Estado delineia a redução da esfera política. Ao contrário, a fluidez (ou quiçá incerteza) de limites entre o público e o privado deixa amplamente aberta a porta para que cada vez mais e mais entes participem dos processos de tomada de decisão.

Esta policracia diferencia-se da democracia também pelo detalhe de que, na democracia, encontrava-se de antemão assegurada a possibilidade de todos, por representantes, exercerem o poder político, localizando-se as divergências (e, portanto, as disputas) em momento posterior. Na policracia, a disputa centra-se justamente na busca desta possibilidade de participação, que não mais é igualitariamente assegurada a todos, permanecendo como garantia apenas em nível formal.

Enquanto na concepção clássica os partidos eram formas de agrupamento dos verdadeiros exercentes do poder político, após esta transformação passam a ser ramificações destes grupos privados, responsáveis pela abertura do Estado para os interesses que representam, e não pela transferência, ao Estado, do papel de concretizar o interesse coletivo.

Virgilio Zapatero faz coro às conclusões desta análise ao frisar que "o momento de máximo apreço dos partidos políticos é o momento da construção do estado de bem-estar, depois da Segunda Guerra Mundial. É o momento em que os partidos fornecem serviços, estabelecem direitos, universalizam prestações, etc., era o momento da abundância: os partidos políticos estavam bem vistos. E, não será que agora mesmo na situação de crise econômica que atravessamos, os partidos estejam se convertendo em uma espécie de pára-raios de todo tipo de frustrações, sociais e pessoais, de todos?"[230]

---

[229] BOBBIO. *Norberto...*, op. cit., p. 289.
[230] ZAPATERO, Virgilio et al. *Régimen jurídico de los partidos políticos y Constitución.* Madrid: Centro de Estudios Constitucionales, 1994. p. 68.

Com este neocorporativismo (distinto do corporativismo democrático e do corporativismo estatalista, de índole fascista), experimenta-se o retorno a um modelo político que o reforço do Estado representativo julgou banido: o Estado estamental.

Capítulo 2

Partidos políticos:
uma definição histórica

Sumário: **2.1** O elemento teleológico: característica conceitual - **2.2** Partidos de quadros - **2.3** Partidos de massa - **2.4** Estrutura - **2.4.1** Simpatizantes e adeptos - **2.4.2** Militantes - **2.4.3** Dirigentes - **2.4.4** Integrantes da bancada - **2.5** Funções - **2.5.1** Funções tradicionais dos partidos políticos - **2.5.2** Função de policiamento do exercício do mandato - **2.5.3** Função pedagógica - **2.5.4** Função de agremiação dos eleitos - **2.5.5** Função de controle - **2.5.6** Função de comunicação - **2.6** Sistemas - **2.6.1** Sistemas partidários e democracia - **2.6.2** Bipartidarismo - **2.6.3** Pluripartidarismo ou multipartidarismo - **2.6.4** Monopartidarismo - **2.6.5** Sistema partidário e sistema eleitoral - **2.7** A jurisdicização dos partidos políticos - **2.7.1** A experiência brasileira - **2.7.1.1** Princípios constitucionais da organização partidária na experiência brasileira - **2.7.1.1.1** Limites à autonomia partidária - **2.7.2** O controle dos partidos políticos no Brasil - **2.7.3** O estatuto dos partidos políticos - **2.7.4** A deontologia da ideologia partidária

Embora o instituto do mandato tenha se destacado como elemento fulcral da democracia, sua concepção originada na modernidade não pressupôs a existência de partidos políticos.

Ao revés, a defesa de interesses de classe, a ser individualmente desempenhada pelos titulares dos mandatos, longe estava de cumprir o papel reservado ao mandato. A democracia contraindicava as facções.

Contudo, a democracia representativa não teria condições de evoluir organizadamente, mormente a partir da universalização do sufrágio, sem contar com os partidos políticos, que passam a desempenhar a função de intermediação na relação eleitor-eleito.[1] Esta, então, biparte-se na relação eleitor-partido (apresentando ao eleitor o elenco dos elegíveis e recepcionando a vontade manifestada pelo eleitor) e na relação partido-eleito (o partido enforma as pretensões dos eleitores, comunicando-as aos eleitos segundo sua linha de atuação). Os partidos compartimentalizaram — daí o nome "partido"[2] — a vontade da nação, expressando-a pelas vias institucionais perante o Estado.

Como observa Norberto Bobbio, os partidos têm permitido "multiplicar a quantidade dos eleitores sem que seja necessário multiplicar proporcionalmente o número dos eleitos",[3] simplificando o sistema de representação.

Ao simplificá-lo também o alterou, na medida em que perdeu espaço o rígido policiamento da base eleitoral sobre o titular de um mandato imperativo, pois o controle sobre o exercício do mandato foi transladado para o partido, ao qual se reconhece competência punitiva, que é manifestada ao sabor das conveniências da política intrapartidária, o que faz com que a democracia das massas não mais seja autenticamente "a 'cracia' (sic) das massas, mas a 'cracia' dos grupos mais ou menos organizados em que a massa, devido à sua natureza informe, se articula, e ao articular-se expressa interesses particulares".[4]

Muito já se tentou, a partir da modernidade, governar sem partidos. O contato direto dos governantes com a massa através dos meios de comunicação permitiu dispensar organismos políticos intermediários; a expressão das opiniões, bem como a formação do escol resultariam da vida normal dos organismos corporativos profissionais, culturais ou morais, assim como da prática da administração pública, nomeadamente da administração local.

---

[1] AMORTH, Antonio et al. *I partiti politici nello stato democratico*. Roma: Studim, 1959. p. 5.

[2] Análise filológica apresentada por CHARLOT, Jean. *Os partidos políticos*. Brasília: Edunb, 1982. p. 10.

[3] BOBBIO. *Norberto...*, op. cit., p. 292.

[4] BOBBIO. *Norberto...*, op. cit., p. 292-293.

Bases e perspectivas da reforma política brasileira | 95

O regime sem partidos não excluiria a formação de correntes de opinião e a sua expressão através do sufrágio, o que ocorreria apenas mediante um corporativismo integral (apreensível idealmente), no qual seria possível evitar a organização de associações de âmbito nacional, pelo menos ocasionais, para apoio de candidatos às funções políticas.

Os partidos políticos surgem na história como conseqüência natural da fragmentação de interesses no seio de uma sociedade democrática. Neste corporativismo democrático encontra-se o gérmen da fenomenologia partidária, de modo que os partidos "constituem o instrumento principal pelo qual se realiza a democracia".[5]

Mas um partido político não se define apenas a partir da reunião de um certo número de indivíduos que comungam do mesmo ideário[6] ou que têm os mesmos objetivos, conceituando-se principalmente como instrumento de exercício da participação política da contemporaneidade.[7]

Demonstra Daniel-Louis Seiler que "as ciências sociais, recorreram bem cedo ao vocábulo 'partidário'. Assim, tradutores de Aristóteles usaram-no para designar os grupos sociais que se opunham a Atenas. Assim, os especialistas da Roma antiga empregaram os conceitos 'partido plebeu' e 'partido patrício'; assim, o célebre *De Viris Illustribus Romae*, delícia ou pesadelo de gerações de estudantes, quando tratam dos conflitos políticos que marcaram o declínio da República, não hesitam em recorrer às

---

[5] CASSESE, Sabino; PEREZ, Rita. *Manuale di diritto pubblico*. Roma: La Nuova Italia Scientifica, 1995. p. 169.

[6] E nessa linha os definem Edmund Burke, como "um conjunto organizado de homens unidos para trabalhar em comum pelo interesse nacional, conforme o princípio particular com o qual se puseram em acordo" (GANZIN, Michel. *La pensee politique d'Edmund Burke*. Paris: Librairie Générale de Droit et de Jurisprudence, 1972. p. 67). No mesmo sentido, Benjamin Constant: "Uma reunião de homens que professam a mesma doutrina política" (CONSTANT, Benjamin. *Mémoires sur les cent jours en forme de lettres*. Paris: Chez Béchet Fils Librairie, 1820. p. 82).

[7] Seguindo a senda, assim os conceituam Hans Kelsen, para quem "os partidos são formações que agrupam homens de mesma opinião para lhes garantir uma influência verdadeira sobre a gestão dos negócios políticos" (KELSEN. *A democracia...*, op. cit., p. 146). Conferir também Raymond Aron: "os partidos políticos são agrupamentos voluntários que pretendem, em nome de uma certa concepção de interesse comum e de sociedade, assumir, sozinhos ou em coalizão as funções do governo" (ARON, Raymond. *Estudos políticos*. 2. ed. Brasília: Edunb, 1985. p. 357).

96 | Fernando Gustavo Knoerr

palavras 'partidos políticos'. Do mesmo modo os medievalistas e os modernistas utilizam o termo 'partido' para designar os Armagnacs e os Bourguignons, os Guelfos e os Gibelinos, os campos que se enfrentaram por ocasião da Guerra das Rosas, ou ainda os Ligueurs e os Huguenotes. Sem falar das grandes revoluções dos séculos XVII e XVIII — a inglesa, a americana e a francesa, que viram oporem-se facções a que a maior parte dos historiadores chama 'partidos'".[8]

Ao longo da história, é impossível enumerar todas as causas que dão surgimento aos partidos políticos, pois são múltiplas. Qualquer listagem deve ser analisada *cum granum salis*, pois será sempre limitadamente exemplificativa. Dentre estas, contudo, pode-se assinalar a ocorrência de um fato histórico que marcou uma radical ruptura com toda a estrutura política anterior, como ocorreu com os grandes partidos tradicionais ingleses (os *Tories* – antecedente do Partido Conservador — e os *Whigs* — antecedente do Partido Liberal — fortalecidos após a Revolução Gloriosa) e americanos (após a Guerra da Secessão).[9] Como arremata José Afonso da Silva, os partidos políticos "são entidades históricas".[10]

Numa classificação arbitrária, Daniel-Louis Seiler[11] refere a primeira fase da história dos partidos políticos como sendo o período normativo, iniciada com as revoluções inglesas (principalmente a Revolução Gloriosa de 1688/1689) ultimando-se sob as

---

[8] SEILER, op. cit., p. 10.

[9] Como assinala Samuel E. Finer, esta é a razão da permanência de um sistema prevalentemente bipartidário, seja na Inglaterra, seja nos Estados Unidos: "primeiro, como o sistema britânico, o sistema americano é também bipartidário. Existem 'terceiros' partidos, como por exemplo, o partido Liberal Americano e o Partido Socialista Americano, mas atualmente eles não têm grande importância. E no passado, quando surgiu um terceiro partido como disputante potencialmente importante, como foi o caso dos populistas em 1892, foi le rapidamente absorvido por um ou outro dos partidos tradicionais — os democratas absorveram os populistas em 1896 ao indicar Bryan pra a presidência, operando uma guinada para a esquerda. A razão da permanência de um padrão bipartidário é principalmente o resultado de dois fatores, um sociológico e outro relativo à mecânica eleitoral. Quando ao primeiro, cerca de três quartos dos americanos votam segundo a tradição histórica local no que respeita às eleições locais, estaduais e para o Congresso (mas não, ultimamente, quanto à presidência da república) essa tendência é mais marcante nos onze estados do Sul, que formavam a antiga Confederação. Ali, a tradição é 'vota como fizeste a guerra', isto é, no partido Democrata. Outras áreas eleitorais tradicionais, juntamente com hábitos eleitorais tradicionais, são republicanas empedernidas, por motivos históricos semelhantes" (FINER, Samuel E. *Governo comparado*. Brasília: Edunb, 1981. p. 209).

[10] SILVA, José Afonso da. *Curso de direito constitucional positivo*. 10. ed. São Paulo: Malheiros, 1995. p. 357.

[11] SEILER, op. cit., p. 12.

conseqüências da onda revolucionária comunista de 1848, quando surgem os pensadores da social-democracia alemã.

Dois traços significativos marcam este período: 1) a tentativa de definir o sentido do termo "partido", ou como elemento de união em torno de um ideal ou ainda como elemento de partição, de repartição e representação setorizada dos interesses sociais; 2) a definição de partido em relação ao seu grau de institucionalização, bem como ao grau de integração com a sociedade civil (quanto mais partidos, mais representados estariam os interesses de toda a sociedade). Destacam-se, neste período, como ilustres teóricos, Bolingbroke, Madison, Hume, Burke, Benjamin Constant e Bluntschli.

A segunda é a dos *founding-fathers*,[12] marcada pelo esforço de dar ao discurso político, mormente ao fenômeno dos partidos, foros de cientificidade. Salta em evidência, nesta fase, a herança da obra de Max Weber,[13] seja em função da forte ascendência de sua teorização sobre a social-democracia alemã, seja ainda porque seu discurso sociológico calhava com perfeição a este esforço de amoldamento científico do que na época se produziu sobre política.[14]

A terceira fase atribui a qualidade de divisor de águas ao clássico *Les Partis Politiques* de Maurice Duverger,[15] por dispor, segundo Daniel-Louis Seiler, "de uma síntese de tudo que se pode saber sobre o fenômeno partidário nos anos de 1950. Se as informações, de caráter fatual, que ele dá sobre os partidos envelheceram, dois elementos, em compensação permanecem intangíveis. Um sustenta-se na apresentação de uma teoria da origem e multiplicação dos partidos, em análise operada através de uma abordagem institucionalista. Relaciona o fenômeno partidário com a dinâmica das instituições e ainda fornece material para muitos trabalhos. O outro reside na edificação de uma tipologia dos partidos baseado na natureza de sua organização".[16]

---

[12] Pais-fundadores, numa tradução forçadamente literal para atender a necessidade de aludir em conjunto os primeiros grandes teóricos dos partidos políticos.

[13] DIGGINS, John Patrick. *Max Weber*: a política e o espírito da tragédia. Rio de Janeiro: Record, 1999. p. 277.

[14] SEILER, op. cit., p. 13.

[15] DUVERGER, Maurice. *Les partis politiques*. Paris: Librairie Armand Colin, 1951. p. 30.

[16] SEILER, op. cit., p. 13.

É um divisor de águas porque a quarta etapa centra-se na discussão do que deixara Duverger, experimentando-se uma multiplicação de teorias fortemente influenciadas pela década de ouro norte-americana (*The Golden Sixties*), condensadas nas obras de Robert A. Dahl (1966) e de Lipset e Rokkan (1967). Além destas, evidencia-se neste período a riqueza da análise dos sistemas de partidos levada a efeito por Giovanni Sartori (1976).

Outras vezes, e isto já é mais comum nos partidos de massa, são interesses de classe, como sucede com os partidos trabalhistas e os partidos agrários (de sem-terras ou de ruralistas).[17]

Por fim, uma ideologia ou uma crença pode determinar uma associação política: é o caso dos partidos comunistas, socialistas, democrata-cristãos, católicos, monárquicos (nos regimes republicanos).

Há casos, no entanto, em que partidos são criados para terem efêmera duração, quando se dedicam tão somente a apoiar determinada personalidade ou a permitir certas alterações políticas.

2.1 O elemento teleológico: característica conceitual

É certo que, na linha da doutrina gnoseológica utilitarista de David Hume, os atos de criação e manutenção de um partido político sempre evidenciam a busca da satisfação de algum interesse. Este interesse, contudo, poderá ser de fato o social, traduzido pela busca de um "bem comum", o oligárquico ou o individual.

É nesse preciso sentido que, muito antes de falar em partidos, David Hume trata de facções, como substrato fático da segmentação de interesses, característica da democracia representativa.

Muito antes, contudo, de reduzir o que pretende significar no tratamento das facções — renunciando implicitamente à confecção de uma definição fechada — o autor as classifica, separando:

a) facções pessoais: são baseadas na amizade ou inimizade pessoal entre os membros, podendo ser desencadeadas

---

[17] BERL, Emmanuel. *La politique et les partis*. Paris: Édtions Rieder, 1932. p. 87.

por motivos pouco relevantes.[18] São decorrentes do exacerbamento de interesses particulares que, se não incorporados na facção, poderiam até mesmo ser conciliados. No entanto, uma vez nesta condição, tornam-se inconciliáveis, excludentes, de modo a ser possível satisfazer a um sem desagradar o outro. Nesta medida, o êxito de uma facção se traduz na profunda frustração da outra de modo que, por vezes, o fator de união dos integrantes de uma é unicamente a contraposição aos integrantes da outra.[19] Observa ainda que "as facções pessoais surgem com mais facilidade nas pequenas repúblicas; nestas, até as zangas domésticas se transformam em questões de estado; o amor, a vaidade ou a emulação, assim como a ambição e o ressentimento, qualquer paixão pode originar a divisão pública".[20]

b) facções reais: definidas a partir da subdivisão em facções de interesse, de princípio e de afeição.

b.1) facções de interesse: surgem nas situações em que classes sociais distintas buscam a satisfação de seus interesses diante de um governo suscetível a pressão. Esta suscetibilidade surge como fator de incentivo à atuação das facções, pois trata de realimentar a possibilidade de êxito na busca da satisfação egoística. Segundo o autor, são as mais naturais, e justamente por isso as mais difíceis de evitar ou extirpar. "Para conseguir evitar esses partidos, é preciso que

---

[18] Como observa David Hume, "os homens possuem uma tal propensão para se dividir em facções pessoais, que estas podem surgir da menor aparência de discordância real. Que se pode imaginar de mais insignificante do que a diferença de cor usada nas librés e a usada nas corridas de cavalos? Todavia, essa diferença deu origem às duas mais inveteradas facções do império grego, os Prasini e os Beneti, que jamais puseram fim a sua mútua hostilidade, até que arruinaram seu infeliz governo. Encontramos na histórica romana uma importante dissensão entre duas tribos, Pollia e Papiria, que se prolongou por cerca de trezentos anos, e se manifestava nos votos para todas as eleições de magistrados" (HUME, op. cit., p. 274).

[19] Também neste sentido, historia David Hume que "os guelfos aderiram ao papa, e os gibelinos ao imperador; todavia, quando a família Sforza, que apesar de pertencer aos guelfos estava aliada ao imperador, foi expulsa de Milão pelo rei de França, com a ajuda de Jácomo Trivulzio e dos gibelinos, o papa colaborou com estes últimos, que fizeram com o para uma aliança contra o imperador" (HUME, op. cit., p. 275).

[20] HUME, op. cit., p. 275.

o legislador possua grande habilidade, e muitos filósofos são de opinião que este segredo, tal como a panacéia universal ou o moto-contínuo, pode divertir os homens em teoria, mas jamais poderá ser aplicado na prática".[21]

b.2) facções de princípio: assentam em princípios abstratos e especulativos, que, no entanto, legitimam comportamentos absolutamente idênticos. O que diferencia estas facções é de fato a base principiológica da qual partem, não importando o modo pelo qual busquem consolidá-la. Justamente porque nem sempre se exteriorizam, pois basta a convicção pessoal de seus integrantes no sentido de que o princípio está sendo observado. Esta característica, na opinião de David Hume, torna estas facções "talvez o fenômeno mais extraordinário e inexplicável que jamais surgiu nas questões humanas".[22] Nesta classificação enquadram-se os partidos que defendem princípios metafísicos (no sentido em que utilizamos a expressão no início do presente trabalho), tais como os religiosos. "Dois homens viajando por uma estrada, um para leste e outro para oeste, poderão facilmente passar um pelo outro se o caminho for suficientemente largo; mas dois que discutem sobre princípios religiosos dificilmente poderão passar sem se chocarem, embora se possa pensar que, nesse caso, a estrada também seria bastante larga para que cada um pudesse seguir seu caminho sem interrupção."[23]

b.3) facções de afeição: são as que se "assentam na dedicação especial dos homens a certas famílias e indivíduos, pelos quais desejam ser governados"[24] decorrente de uma tendência natural de alguns em considerar muito

---

[21] HUME, op. cit., p. 276.
[22] HUME, op. cit., p. 276.
[23] HUME, op. cit., p. 277.
[24] HUME, op. cit., p.277.

íntima sua relação pessoal com o soberano, que talvez sequer conheça suficientemente.[25] Nessa linha, "um *tory* pode ser definido em poucas palavras, desde a revolução, como um amante da monarquia, embora sem renunciar à liberdade, e um partidário da família Stuart. Tal como um *whig* pode ser definido como um amante da liberdade, embora sem renunciar à monarquia, e um partidário da consolidação da linha protestante".[26]

Deste modo, conquanto seja inegável a presença de um certo caráter altruísta na criação e sustentação de alguns partidos políticos, "[...] tem de reconhecer-se que a ambição de ocupar o poder é uma característica essencial do político. A prática freqüente de negar isso, e de atribuir a característica aos adversários como um ferrete, é provavelmente a manifestação de uma tendência secular dos regimes anteriores à revolução, para reclamar uma legitimidade carismática que é negada aos concorrentes".[27]

Donde se extrai que o altruísmo não é característico da criação de um partido político. Sem uma certa dose de interesse pessoal, egoístico na medida em que é excludente dos demais, este jamais existiria.

Não há partido voltado exclusivamente ao atendimento do interesse do todo social, com total renúncia do seu ou do interesse pessoal de seus integrantes. Esta hipótese é apenas imaginável como modelo, mas irrealizável.

Há, em síntese, doses maiores ou menores deste altruísmo,[28] conjugado ao seu oposto. Jamais se encontrará, contudo, apenas este fator. O contrário ocorre com o fator egoístico. Sir Ivor Jennings

---

[25] Chega a impressionar a coincidência destas constatações de Hume com as conclusões de Weber acerca do tipo ideal de legitimidade carismática.

[26] HUME, op. cit., p. 277.

[27] MOREIRA, Adriano. *Ciência política*. Coimbra: Almedina, 1992. p. 171.

[28] Este altruísmo e este egoísmo, no sentido em que emprego tais termos, são ricamente explicados pelo texto do Abade Sieyés, quando assevera: "Assinalemos no coração dos homens três espécies de interesses: 1º) aquele pelo qual os cidadãos se reúnem: apresenta a medida exata do interesse comum; 2º) aquele pelo qual um indivíduo se liga somente a alguns outros: é o interesse do corpo; e, finalmente, 3º) aquele em que cada um se isola pensando unicamente em si: é o interesse pessoal. O interesse pelo qual um homem concorda com

é categórico ao afirmar que "como todas as instituições políticas, os partidos políticos desenvolvem-se sob a influência de diferentes pessoas para satisfazer circunstâncias".[29] Ou, ainda, John Stuart-Mill, no exato sentido em que o termo já foi empregado: "quando falamos de uma assembléia, ou mesmo de um indivíduo, como um princípio determinante de suas ações, a questão de saber qual seria este interesse aos olhos de um observador imparcial é uma das partes menos importantes da discussão. Como observa Coleridge, é o homem que faz o motivo, não o motivo que faz o homem. O que interesse ao homem fazer ou deixar de fazer depende mais da espécie de homem que ele é do que de circunstâncias externas. Se também quiser saber quais são praticamente os interesses de um homem terá que saber quais são os seus sentimentos e pensamentos normais. Todas as pessoas têm dois tipos de interesses: interesses com os quais se preocupam e interesses com os quais não se preocupam. Todas as pessoas têm interesses egoístas e não-egoístas, e uma pessoa egocêntrica terá se acostumado a se preocupar com os primeiros e não com os segundos".[30]

Este egoísmo, presente em maior ou menor grau, decorre do fato de o político buscar o poder por julgar-se mais capaz do que seus concorrentes na realização do interesse público, embora seja de se admitir que também ocorrem casos em que se pretende o poder para abertamente usá-lo no atendimento a interesses pessoais ou setoriais, que serão mais fácil ou plenamente realizados se o exercício do poder for alcançado.[31]

---

todos os seus associados é evidentemente o objeto da vontade de todo e o da assembléia comum. Ali, a influência do interesse pessoal deve ser nula. E é isso também o que acontece; sua diversidade é seu verdadeiro remédio. A grande dificuldade vem do interesse pelo qual um cidadão está ligado somente com alguns outros. Daí se originam projetos perigosos para a comunidade e se formam os inimigos públicos mais temíveis. A histórica está cheia dessa triste verdade" (SIEYÉS, Emmanuel Joseph. *A constituinte burguesa*: o que é o terceiro estado. 3. ed. Rio de Janeiro: Lumen Juris, 1997. p. 116). Sendo de se perceber que na primeira hipótese há a enunciação do conteúdo do que foi referido como egoísmo, e os dois seguintes como altruísmo.

[29] JENNINGS, op. cit., p. 26.
[30] STUART-MILL, op. cit., p. 66.
[31] MOREIRA, op. cit., p. 172.

Bases e perspectivas da reforma política brasileira | 103

"Não se deve pensar", como ressalva Sir Ivor Jennings, "que os membros sem interesses pessoais não possam produzir emendas úteis. Apesar da preparação completa que quase todo projeto de lei recebe nos Departamentos governamentais, toda legislação, por causa de seu caráter geral, tende a produzir anomalias".[32] Como assinala Karl Deutsch, definindo este egoísmo em maior grau, "outros partidos, assim como muitos políticos autônomos, são, sobretudo, orientados pelo sentido do poder. Seus propósitos, professados sob a forma de afirmações e de plataformas políticas, diferem freqüentemente daqueles que na realidade possuem. Pouco importa a estes partidos que leis e que políticas são aprovadas, desde que sejam eles a implementá-las. Se um indivíduo politicamente orientado, antes de pensar em ser presidente, tencionasse ser justo, o seu partido orientado pelo sentido do poder teria de mudar muitos de seus programas políticos, e até, discretamente, os seus princípios, a fim de poder conseguir a eleição ou permanecer no poder".[33]

Desta breve constatação desponta o elemento teleológico da figuração do partido político, qual seja: a busca do poder, com técnicas e processos definidos por nuances mais ou menos egoísticas.

Assim, o partido é uma organização governada de dentro para fora, sendo instrumento de realização da vontade formada por quem o integra, embora sofra o controle externo na medida em que se vê cobrado a seguir suas propostas de governo e sua coerência ideológica.

O partido político é uma associação de caráter permanente, congregadora de indivíduos que buscam, mediante uma ação concertada junto da opinião pública, obter o exercício do poder pelas vias institucionais. O partido incorpora "A lógica do projeto fundado na perenidade — pelo menos numa certa perenidade — das escolhas políticas, remete à dimensão ideológica do fenômeno partidário, ou, de maneira mais sociológica, à das famílias políticas".[34]

---

[32] JENNINGS, op. cit., p. 60.
[33] DEUTSCH, Karl. *Política e governo*. 2. ed. Brasília: Edunb, 1988. p. 88.
[34] SEILER, op. cit., p. 37.

104 | Fernando Gustavo Knoerr

É de se ver, ainda, que os partidos têm também, como acessório da função de expressar os anseios populares, canalizando-os às instâncias de poder com suficiente competência para realizá-los, a função de ordená-los, dando-lhes forma em obediência ao que de fato pode ser realizado no jogo político dentro de seu programa de governo ou de sua ideologia, já que "o povo desconhece os problemas gerais, sabendo alguns, apenas, a pequena parte que lhes toca, segundo suas próprias atividades".[35] Como enfatiza José Afonso da Silva, "O partido político é uma forma de agremiação de um grupo social que se propõe organizar coordenar e instrumentar a vontade popular com o fim de assumir o poder para realizar seu programa de governo".[36]

Embora tenha outras funções, como adiante se verá, os objetivos principais do partido político apenas podem ser realizados quando obtido de fato o exercício do poder, quando o partido lograr ocupar os cargos-chaves da estrutura estatal com seus integrantes.

Nessa linha, são instituições que se colocam entre o indivíduo e o Poder Público ao servirem de canal de fluência das pretensões titularizadas por indivíduos ou grupos, diante do aparato estatal, sendo indispensáveis à caracterização da democracia representativa.[37]

Portanto, não há, a partir da modernidade, democracia sem partidos.[38] Não é por outra razão que também Hans Kelsen trata

---

[35] CINTRA, Miguel Gonçalves de Ulhôa. Os partidos políticos e a representação popular. *Revista de Ciência Política*, Rio de Janeiro, v. 20, n. 4, p. 56, out./dez. 1977.

[36] SILVA, op. cit., p. 375.

[37] Inegavelmente, há uma certa semelhança entre esta função de intermediação com aquela desempenhada pelo Parlamento, na definição dos corpos intermediários do Barão de Montesquieu.

[38] Nesse sentido, Daniel-Louis Seiler é categórico: "nenhuma democracia funciona sem partidos políticos. Não existe no mundo de hoje nenhuma democracia representativa que não se funde na competição entre os partidos. A experiência de democracia direta, tal qual a Suíça conhece, não reduziu os partidos que souberam tirar proveito das ocasiões de mobilização que lhes oferecem os procedimentos referendários. Muitas vocações partidárias nasceram dos comitês *ad hoc* constituídos por ocasião de referendos ou iniciativas: na Suíça, a Aliança dos independentes, os ecologistas ou o partido suíço dos automobilistas encontraram aí suas origens. Os projetos que concebem modelos de democracias que passariam sem o concurso dos partidos permaneceram, até o presente, no estágio da utopia. Assim ocorre em todos os planos de sistemas fundados na autogestão ou nos de democracia conselheiral. Nos locais

Bases e perspectivas da reforma política brasileira | 105

os partidos políticos como instituições que, colocadas entre o indivíduo e o Poder Público, constituem-se no único canal pelo qual o titular faz a entrega do exercício do poder.[39] A democracia kelseniana efetiva-se, portanto, apenas nos moldes de uma partitocracia ou de um *Parteienstaat* (Estado de Partidos).[40]

A matriz kelseniana é em verdade resultado do contexto histórico do pós-Segunda Guerra, marcado, de um lado, pela ascensão dos partidos de massa, principalmente na Alemanha, Itália e França, isto para referir a Europa ocidental, pois tal fenômeno data do início do século na Europa oriental, decorrente do fortalecimento dos partidos socialistas.[41]

Nesse particular, Fávila Ribeiro concebe a distinção, meramente didática, "entre partidos diretos e partidos indiretos, sendo os primeiros os que se compõem de filiações individuais, enquanto os segundos dependem de grupos sociais intermediários",[42] a exemplo do que ocorreu com o Partido Trabalhista inglês.

Nos diretos, o interesse dos indivíduos ou do grupo é diretamente manifestado pelo partido, este surgido antes mesmo de qualquer institucionalização do grupo. O grupo é gestado em meio à própria existência do partido.

Já nos indiretos, o indivíduo tem seus interesses imediatamente defendidos pelo grupo, e o grupo transfere esta tutela aos partidos. O grupo, neste caso, precede em existência o partido. É indireto o partido, portanto, porque sua função de canalização de pretensões individuais é antes de tudo intermediada pelo grupo social.

---

onde se tentou sua aplicação, a experiência mudou rapidamente, transformando-se ora num longo pesadelo, a exemplo dos países do leste, ora num episódio delirante como os de Mackno na Ucrânia de 1.920 ou de Durruti durante a guerra da Espanha. Nos dois casos viu-se o furor democrático matar a democracia. Em compensação, assim que um partido autoritário começa um movimento de democratização, as organizações protopartidárias proliferam. É uma lei que não sofre alguma exceção. Mais ainda, como uma homenagem que o vício rende à virtude, pelo fato de muitos regimes autoritários esforçarem-se por manter, até mesmo por organizar, o simulacro do pluripartidarismo" (SEILER, op. cit., p. 29).

[39] KELSEN, op. cit., p. 139 et seq.

[40] STRECK, op. cit., p. 161.

[41] OPPO, Anna. Verbete Partitocracia. In: BOBBIO, Norberto et al. *Dicionário*..., op. cit., p. 906.

[42] RIBEIRO, Fávila. *Direito eleitoral*. 5. ed., Rio de Janeiro: Forense, 1999. p. 325.

Para Daniel-Louis Seiler "os partidos políticos constituem condição *sine qua non* do funcionamento do regime representativo",[43] são filhos da democracia e do sufrágio universal. A democracia representativa, em síntese, é o regime de governo exclusivo dos partidos políticos. Como decorrência imediata desta conclusão, a procedimentalização própria da democracia transplanta-se para a estrutura partidária, acrescendo ao conceito de partido político o traço marcante da institucionalização, pois "a partir do momento em que foram transformados em instrumentos eficazes da opinião pública, criando condições para que as tendências preponderantes no estado exerçam influência sobre o governo, os partidos políticos transformaram-se no veículo natural de representação política".[44]

Por essa razão, se os representantes do povo não mais podem ser escolhidos a não ser a partir dos quadros de partidos, impõe-se considerar que há de fato, uma proximidade significativa entre o Estado Democrático e o que se pode nominar Estado de Partidos, na razão direta de que a inexistência, ou a inefetividade dos mesmos, impede radicalmente a possibilidade de sobrevivência de um modelo de democracia. A democracia representativa moderna tende para uma partitocracia.

Deste modo, a organização de um partido deve ser direcionada de modo a buscar abranger toda a estruturação estatal, seja em relação ao plano de atuação, seja no que toca à sua execução.[45]

Se o partido deve guardar em si uma unidade — e neste particular pouco importa sua dimensão — não é menos verdadeiro que a ideia de partido vem sempre acompanhada de um certo tom de sectarização, efetivamente de partição. Deve-se ver nos partidos políticos mais o elemento político do que o elemento partido, pois, se de um lado tem-se a defesa, pelos partidos, de interesses sociais setorizados, de outro encontra-se o atrelamento de todos estes interesses a um que pode ser identificado como comum. A

---

[43] SEILER, op. cit., p. 06.
[44] MACABU, Adilson Vieira. A formação do poder: os partidos políticos: o eleitorado: a representação. *Revista de Ciência Política*, v. 7, n. 3, p. 83, jul./set. 1973.
[45] SEILER, op. cit., p. 11.

setorização de interesses não pode chegar ao ponto de prejudicar, de contradizer, o interesse que razoavelmente possa ser qualificado como comum.[46] Nesta linha segue Karl Deutsch em outra classificação dos partidos políticos, tomando por critério a estabilidade de seus quadros. Assim, os que têm maior estabilidade de seus quadros, é dizer, experimentam um menor esvaziamento de seus quadros no período intereleitoral, são referidos como "partidos de filiação" (*membership party*). A massa de seus integrantes permanece coesa em torno dos objetivos partidários, que não se concentram apenas na busca do êxito eleitoral, mas também na permanente realização da plataforma partidária, ainda que o partido não se encontre no governo.[47]

No outro pólo, Karl Deutsch alude a partido-projeto (*skeleton party*) como aqueles que, no período entre eleições, preservam em seus quadros um número mínimo de membros, o suficiente para sustentar a existência do partido neste período. Aproximando-se, contudo, o período eleitoral, agigantam-se através da arregimentação de cabos eleitorais (remunerados ou compensados por promessas de favores) e do maciço alardeamento do nome de seus candidatos e de suas respectivas propostas de campanha, sempre através de propaganda de vultosos custos.[48]

A manutenção de um partido de filiação é muito menos custosa do que a de um partido-projeto. O êxito eleitoral de um partido de filiação se ampara muito mais na adesão ao seu projeto de governo do que nas qualidades pessoais de seus candidatos, desde que estes demonstrem fidelidade à plataforma partidária. A

---

[46] Nessa linha, Celso Ribeiro Bastos constata: "muito se atacou os partidos políticos, o que se deu sobretudo por parte de pessoas que neles viram mais o elemento partido do que o elemento político. De fato, enquanto partido essas organizações de pessoas são necessariamente facciosas no sentido de procurarem oferecer uma visão da problemática existente, assim como das soluções propostas, a partir dos interesses das classes que as compõem. O elemento político, por sua vez, incumbe-se de fornecer o contrapeso para essa unilateralidade, o que obriga o partido a ter uma visão globalizante da temática do Estado em condições de funcionar como programa de governo em caso de eleito. Os autores que insistem, pois, no aspecto inevitavelmente setorial e particularista se esquecem da dimensão comunitária ou política intrínseca a todos os partidos" (BASTOS, Celso Ribeiro. *Teoria do estado e ciência política*. 4. ed., São Paulo: Saraiva, 1999. p. 227).

[47] DEUTSCH, op. cit., p. 89.

[48] DEUTSCH, op. cit., p. 89.

108 | Fernando Gustavo Knoerr

confiança está no partido e não no candidato. Nesse sentido, Karl Deutsch refere um ditado popular indiano que diz: "um poste de iluminação poderia ser eleito para o Parlamento de Bombaim, na lista de candidatos do Partido do Congresso".[49] Entretanto, se há inegável vinculação do início da história dos partidos políticos com a tradição inglesa após a instauração da monarquia constitucional, pode-se, por outra vertente, buscar na experiência francesa, a partir da Constituição de 1789, a forma originária dos partidos políticos como fenômeno da modernidade, quando os deputados de uma mesma região reuniram-se para a defesa dos interesses locais, em um primeiro momento e, após, para compartilhar ideias comuns, podendo-se, ainda, remontar, assim, ao Clube Bretão ou à dicotomia Jacobinos *versus* Girondinos.

O moderno modelo partidário se consolida ao final do século XIX, sendo que seu reconhecimento constitucional se delineou ao longo do século XX, como referendam os exemplos alemão (1949), italiano (1947), francês (1958), português (1976) e espanhol (1978), muito embora sua constitucionalização tenha se dado já no século XIX, ao redor de 1850.

Na ciência política é já consagrado o método que distingue os partidos de quadros dos partidos de massa, aqueles surgidos como conseqüência do liberalismo político dos séculos XVI e XVII, estes fortalecidos a partir da ascensão do modelo de Estado Social dos séculos XVIII a XX, como segue exposto.

2.2 Partidos de quadros

Os antigos partidos liberais eram em geral partidos de quadros, constituídos pelos notáveis, exemplos reais do que os romanos chamariam de *bonus pater familias*, que punham sua honorabilidade, sua reconhecida ponderação, a favor de sua comunidade.

Não se pode sequer afirmar que os partidos de quadros guiavam-se por uma ideologia uniforme. A matriz do conceito encontra-se no fato de que os partidos de quadros contavam

---

[49] DEUTSCH, op. cit., p. 89.

com poucos integrantes, escolhidos a dedo em função de sua intocada reputação social, permitindo concluir que a ideologia do partido era construída pela ideologia de seus integrantes em cada localidade. Num partido de quadros, o partido é seus integrantes. A ideologia de seus integrantes constitui-se no ideário da agremiação política, que por isso é espacial e temporalmente delimitada, quando não elevando-se essa tendência à última potência, limitada ao notável principal do partido em cada região. É por esta razão que os partidos de notáveis não têm líder. Ou, mais precisamente, não se dotam de um líder porque já os possuem em demasia: são redes que unem chefes nacionais rivais e pequenos chefes locais, aos quais incumbe, dentro de sua área de atuação, definir as diretrizes do partido.

Esta característica ainda remanesce de modo marcante no sistema eleitoral norte-americano, através das prévias ou primárias. Como descreve Samuel E. Finer, "a eleição primária é (ou era, originalmente) uma competição intra-partidária para a indicação dos candidatos à disputa inter-partidária. Essas eleições primárias do partido, que precedem a eleição propriamente dita, transformaram-se em regra geral. Conseqüentemente, a decisão sobre quem é republicano ou democrata — e portanto a definição de republicano ou democrata — foi retirada das mãos dos chefes partidários, tanto no nível local quanto no estadual ou federal, e entregue à população local. Isso significa que qualquer pessoa, quaisquer que sejam suas convicções ou suas promessas, pode obter o *status* de republicano ou de democrata, e isso significa que ser republicano ou ser democrata significa aquilo que determinada comunidade, em determinado ano e determinado conjunto de circunstâncias, acredita que é".[50]

A ausência de uma linha ideológica rigidamente concebida não pode ser atribuída à indiferença política, mormente do povo norte-americano, mas a alguns fatores separados por Herman Finer, a saber:

---

[50] FINER. *Governo...*, op. cit., p. 210.

110 | Fernando Gustavo Knoerr

a) "extensão geográfica, diversificação dos grupos regionais; falta de força dos partidos para legislar de acordo com os princípios que abraçaram, em virtude das limitações constitucionais. Um partido inglês, obtendo maioria, é o senhor do Estado e pode realizar o seu programa";[51]

b) a enorme extensão do país estimula o localismo, que é acolhido pela Constituição, quando favorece a peculiaridade dos Estados, dando-lhes competências especiais. O poder está nas mãos dos chefes locais;[52]

c) a separação dos poderes e o término dos mandatos em épocas diferentes dificultam a unidade de propósitos;[53]

d) "o eleitorado, por temperamento e feitio, não toma partido, e quando o eleitorado não toma partido, os partidos não têm sólidas razões para defenderem uma filosofia".[54]

Como decorrência, os partidos inseridos neste contexto se reduzem a grupamentos que improvisam diretrizes e ideais diante de novas circunstâncias, pois veem-se premidos a buscar apoio em todas as classes, para que possam viver.

Herman Finer sugere uma reforma no sentido de transformar os atuais mandatos de términos não coincidentes em mandatos que terminem todos no mesmo prazo. A eleição simultânea em todas as esferas de governo obrigaria os partidos a buscarem uma unidade nacional.

Conclui-se, portanto, que em relação ao sistema partidário norte-americano não há sequer que se falar em fidelidade partidária, mas em autenticidade dos eleitos.

Justamente por essa razão não é possível aplicar-se ao sistema norte-americano a polarização direita-esquerda concebida pela experiência parlamentar francesa. Como frisa Daniel-Louis

---

[51] FINER, Herman. Theory and practice of modern government. Apud CARVALHO, Orlando M. Ensaios de sociologia eleitoral: estudos sociais e políticos. *Revista Brasileira de Estudos Políticos*, Rio de Janeiro, p. 20, 1958.

[52] FINER, Herman. *Theory and practice of modern government.* Apud CARVALHO, op. cit., p. 20.

[53] FINER, Herman. *Theory and practice of modern government.* Apud CARVALHO, op. cit., p. 20.

[54] FINER, Herman. *Theory and practice of modern government.* Apud CARVALHO, op. cit., p. 20.

Seiler, "seria vão empenhar-se em fazer com que o bipartidarismo democratas-republicanos e o dualismo direita-esquerda correspondessem. Pelo contrário, é dentro dos dois partidos que passa a linha de demarcação entre a direita e a esquerda, entendidas em sua acepção francesa. Cada partido agrupa homens de direita e homens de esquerda; se alguns consideram os democratas como mais à esquerda do que seus adversários, isso foi devido às relações de força entre direita e esquerda dentro de cada partido: especialmente durante a era Reagan-Bush, vimos a direita dominar o partido republicano. Todavia, trata-se de um fenômeno contingente: sob Teddy Roosevelt, era a esquerda que conduzia o Partido Republicano [...]".[55]

Por essa razão, os partidos de quadros estão comumente associados ao *two-parties system*.

Neste particular, a história norte-americana, por influência direta da experiência inglesa, mormente quando analisada a história da *House of Representatives*, onde a personalização é bastante diluída, salta em evidência a fidelidade republicana do Vermon, do Connecticut, do Maine ou do New Hampshire, contrastada pela fidelidade democrata do *solid south*.

No ocidente, os novos países, (Estados Unidos e a *Commonwealt* branca), comungam a idéia de partido como sinônimo de divisão, "e a sabedoria ensina, desde Platão, que não há pior mal para a cidade do que aquele que a divide. De fato, todos os homens de Estado que merecem esse título combateram o espírito de facção: de Richelieu e Mazarin ao general de Gaulle, que jamais encontrou termos bastante fortes para estipendiar 'o regime dos partidos' com seu *two-parties system*, seu quase bipartidarismo ou seu sistema de dois partidos e meio".[56]

Não é por outra razão que Samuel E. Finer conclui que os dois principais partidos norte-americanos "são baseados nos estados e nas localidades estaduais, destituídos de coerência e foco nacional e privados de ideologia".[57]

---

[55] SEILER, op. cit., p. 46.
[56] SEILER, op. cit., p. 7.
[57] FINER. *Governo...*, op. cit., p. 208.

A matriz ideológica é característica própria dos partidos de massa, como assinala Marcelo Caetano ao asseverar que "os partidos ideológicos tendem a ser partidos de massas, devendo notar-se que nos países socialistas o partido único comunista é uma associação de escol, um partido de quadros de acesso restrito e difícil, enquanto nos outros países pretende ser partido de massas.[58]

2.3 Partidos de massa

A prevalência de um certo modelo político[59] de Estado, durante um certo momento histórico, tem influência direta na conformação dos partidos políticos.

Já se assinalou que a vigência do modelo de Estado Liberal, seja na matriz anglo-saxã, inspirada pela doutrina de John Locke, seja no molde europeu continental, inspirado nas obras do Barão de Montesquieu, de Jean-Jacques Rousseau e de Emmanuel Kant, favorecia a existência de partidos de quadros, pois na medida em que bastava ao Estado exercer a função de salvaguardar a liberdade individual com lastro em lei, servia-lhe uma estrutura administrativa de Estado mínimo, pouco complexa, e por isso mesmo facilmente controlável por um partido de proporções também pequenas, destituído, de regra, de uma matriz ideológica.

Contudo, a suplantação do modelo de Estado Liberal pelo modelo de Estado Social levou ao aparecimento dos chamados partidos de massa, de proporções maiores, por vezes agigantadas, responsáveis pela união de todos os seus membros em torno de uma linha ideológica comum, que somente poderá ser efetivamente realizada quando o partido for alçado ao efetivo exercício do poder. O reforço do associacionismo, como ideia central da sindicalização crescente neste período, também se faz sentir na seara política.[60]

---

[58] CAETANO, Marcelo. *Manual de ciência política e direito constitucional*. 6. ed. Coimbra: Almedina, 1996. p. 396. t. I.

[59] Restringe-se ao modelo político, pois há, a par deste, os modelos administrativos e econômicos de Estado.

[60] JOUVENEL, Bertrand de. *As origens do estado moderno*. Rio de Janeiro: Jorge Zahar Editor, 1978. p. 247-248.

Com a necessidade de atendimento, agora através da estrutura administrativa do Estado, dos chamados direitos sociais, surgem partidos voltados a atender à necessidade de ter já preestabelecidas as estratégias de condução dessa estrutura. A matriz ideológica dirá como, em síntese, serão atendidos todos os direitos para cuja realização haja dependência do funcionamento da máquina administrativa estatal. Na clássica definição de Max Weber, o partido político "é uma associação que visa a um fim deliberado, seja ele 'objetivo' como a realização de um plano com intuitos materiais ou ideais, seja ele pessoal, isto é, destinado a obter benefícios, poder, e conseqüentemente, glória para os chefes e sequazes, ou então voltado para todos esses objetivos conjuntamente".[61]

Comumente ocorre que um ou alguns dos membros dos partidos monopolizem a prerrogativa de definir, ao sabor de suas conveniências — divulgadas como conveniências do partido — suas diretrizes ideológicas e operacionais, subjugando a vontade de todos os demais integrantes do quadro partidário.

Deste modo, se aqueles que integram o quadro partidário fazem-no porque manifestam admiração ao(s) dirigente(s), subordinando-se não apenas ao poder de organização destes, mas principalmente às suas linhas ideológicas, resta fácil constatar que os partidos de massa padecem, por definição, de uma tendência oligárquica ou até tirânica, em nível interno, que deve ser constantemente freada pela disciplina legal ou intrapartidária.

A par de criar, divulgar e manter sua diretriz ideológica, o partido deverá dedicar-se a rechear seus quadros — o que faz, não raras vezes, através do propagandeamento de sua doutrina — cultivando-os bastante numerosos, como forma de aumentar a base eleitoral, aumentando assim a eficácia da disseminação de seu programa de governo e principalmente para poder ter em seus quadros pessoal suficiente para assumir, na estrutura político-administrativa do Estado, os cargos que enfeixam competência suficiente para pôr em prática os planos de governo. Por essa razão são também conhecidos como partidos *attrape tous* ou *catch all*.

---

[61] Apud BOBBIO et al. *Dicionário de política...*, op. cit., p. 899.

Esse traço característico dos partidos de massa encontra-se sobremaneira evidenciado na definição de Georges Burdeau, segundo a qual constitui um partido todo agrupamento de indivíduos que, professando os mesmos pontos de vista políticos, esforçam-se para fazer prevalecê-los, ao mesmo tempo juntando a eles o maior número possível de cidadãos e procurando conquistar o poder ou, pelo menos, influenciar suas decisões.[62]

Os partidos de massa devem, em síntese, ter uma estrutura que possa já ser considerada um protoestado. Não é sem razão que sua estrutura, partindo de um ponto nuclear, se espraia, de regra, para todo o território do Estado, dimensionando sua divisão orgânica segundo a forma de distribuição horizontal do poder estatal. Num Estado de tipo federativo, o partido de massa terá seu diretório nacional, seus diretórios estaduais e muitas vezes seus diretórios municipais. Não é por outra razão que define Maurice Duverger: "un parti n'est pas una communauté, mais un ensemble de communautés, une réunion de petits groupes disséminés à travers le pays (sections, comités, associatinos locales, etc.) liés par des institutions cordinatrices".[63]

Nasce, assim, da adensada conjunção da democracia representativa com o surgimento dos partidos de massa, operada pela sedimentação do modelo de Estado Social, o conceito de partitocracia, apontado como o responsável pela expulsão do cenário político dos partidos de quadros, o que foi também proporcionado por alterações nos sistemas eleitorais, como adiante será analisado. Tal fato levou ao uso, de certa forma crítico, do termo, assinalando a morte da época em que as atividades políticas poderiam ser desenvolvidas com mais liberdade, autonomamente, sem vinculação aos ditames do conjunto partidário.

Agora não há mais possibilidade de expressão individual das expectativas envolvidas no exercício do mandato, mas tão somente através de uma associação para fins políticos: o partido.

---

[62] BURDEAU, Georges. *La démocratie*: essai syntétique. Bruxelas: Office de Publicité, 1958. p. 63.
[63] DUVERGER, op. cit., p. 34.

A espontaneidade da relação política travada entre o indivíduo e o Poder Público no seio do Estado Liberal resta suplantada, enrijecida, pela procedimentalização da via institucional: o partido. Trata-se, na verdade, de uma postura reacionária que não expressa propriamente uma crítica à partitocracia, e sim à possibilidade aberta à participação das massas, fazendo cair por terra a possibilidade de monopólio do poder pelos notáveis.

De outro lado, não há como negar que a partitocracia guarda certa tendência a um agigantamento do partido que está no poder, em proporção tal que lhe permite absorver a própria estrutura burocrática estatal. Colham-se, neste particular, os exemplos do nacional-socialismo alemão e do comunismo soviético em que o presidente do partido era o presidente da Alemanha ou do *Politburo*, e seus auxiliares imediatos tinham todos cargos correspondentes na estrutura do partido.

Certo é concluir que o tendencial agigantamento da estrutura partidária, na mesma proporção do experimentado pela estrutura administrativa do Estado Social, associado às formalidades, próprias da institucionalização (percebendo-se a gradativa burocratização dos partidos concomitantemente à burocratização do Estado), transformou os partidos em pontos de estrangulamento, e não de canalização, das demandas sociais (função para a qual se tornaram incapazes), levando ao surgimento de facções ou de posturas isoladas, que negam a descaracterizar.

Passado o momento de erupção da partitocracia, sedimentam-se os partidos de massa, agora sem a índole progressista que os marcara no rompimento do regime dos partidos de quadros, mas, numa radical mudança, apoiados numa posição sobremaneira conservadora, tendente à absorção da institucionalização burocrática com o intuito de monopolizar todas as demandas sociais.

Configurada esta situação, a crítica veio dos próprios partidos de esquerda, "conquanto preocupados em manter as suas posições de poder"[64] diante de partidos que tendiam a monopolizar todas as demandas sociais, podando a possibilidade de autêntica manifestação da sociedade civil sem o canal partidário.

---

[64] BOBBIO et al. *Dicionário....*, op. cit., p. 900.

Ataca-se, em síntese, a profissionalização da política surgida em decorrência da ascensão dos partidos de massa, servidos por técnicas cada vez mais apuradas de conquista do eleitorado e de arregimentação de votos.

Surgem aqueles que se especializam na prática de política em tal grau que sua mantença passa a depender exclusivamente da manutenção de um mandato político ou do recebimento de um cargo público. Esta profissionalização obriga "manter uma clientela de fiéis seguidores e de procurar satisfazer o eleitorado, fazendo favores à custa do erário público, ou do sacrifício da legalidade e da moralidade administrativas. Não há, então, plano que se execute, nem lei que se cumpra, quando estão em causa as conveniências do amigo ou as necessidades do partido".[65]

Na crítica de Norberto Bobbio, "os partidos transformaram-se em oligarquias que impedem a comunicação imediata e fecunda entre governantes e governados e pretendem monopolizar em seu proveito a expressão da opinião pública e os benefícios do Poder. Obcecados pela preocupação do exercício do poder, sacrificam à conquista ou à detenção destes todas as outras considerações. O interesse geral é então submetido ao interesse partidário. A táctica do partido, as suas conveniências eleitorais, as perspectivas de êxito no caminho do poder, guiam os dirigentes se que lhes importe saber se as atitudes assim determinadas convêm ou não à colectividade. A luta sistemática, aproveitando todos os pretextos, transformam a vida política em permanente guerra civil".[66]

A indispensabilidade dos partidos políticos para a democracia representativa os encastela na titularidade de interesses próprios, defendidos muito antes do interesse geral, num processo que em verdade assinala a própria autonomização dos partidos diante das demandas sociais. Não há apenas o interesse social. Há, agora, não a par deste, mas antes deste, o interesse do próprio partido. Este terá guarida apenas se coincidente, ou não conflitante, com o interesse do partido.

---

[65] BOBBIO, Norberto. *As ideologias e o poder em crise*. 3. ed. Brasília: Edunb, 1994. p. 193.
[66] BOBBIO. *As ideologias...*, op. cit., p. 194.

2.4 Estrutura

2.4.1 Simpatizantes e adeptos

O simpatizante é quem trava com o partido, ou até mesmo com algum(ns) de seu(s) integrante(s), uma relação de identificação que o faz ser mais do que um eleitor, mas menos do que um adepto.

É mais do que um eleitor porque desta relação de identificação surge um grau de fidelidade em relação ao partido, que perdurará na medida em que for preservado o fator desencadeante da identificação.

O adepto, por sua vez, conceitua-se por guardar com o partido uma relação que o motiva a empenhar-se pessoalmente, chegando, por exemplo, a despender recursos próprios, se necessário for à causa do partido.

Destas constatações surge que a linha divisória entre o simpatizante e o adepto se encontra justamente no passo que segue para além da mera fidelidade, sendo claro que quando alguém, além de ser fiel àquele partido (ou candidato) também se esforça para que de fato os objetivos destes sejam atingidos, passou de simpatizante a adepto.

Estas noções devem, contudo, ser compreendidas em padrões bastante variáveis, pois se aplicadas aos partidos de quadros, simpatizantes são aqueles que votam assiduamente naqueles notáveis que os integram, enquanto que nos partidos de massas serão aqueles que aderem à doutrina do partido ou ao próprio partido. Adeptos nos partidos de quadros serão aqueles que se empenham na divulgação da candidatura de um ou outro notável. Nos partidos de massa, serão aqueles que por múltiplas formas colaboram com o partido, não se restringindo aos períodos eleitorais.

Em virtude desta flutuabilidade de critérios de conceituação — possível apenas num padrão mínimo, como exposto — que muitos autores preferem reunir simpatizantes e adeptos sob o rótulo genérico de partidários.

2.4.2 Militantes

Define-se o militante como um partidário que optou pelo engajamento numa ação coletivamente concertada para auxiliar seu partido na busca dos objetivos traçados. Este engajamento se traduz na assunção de encargos, de responsabilidades a serem desempenhadas na estrutura orgânica do partido, de modo a que o militante possa ser conceituado como uma peça fundamental (porque fundamentais são as funções que deve desempenhar) da engrenagem intrapartidária. Com este mesmo sentido, Karl Deutsch os refere como "ativistas".[67]

Eis outra linha divisória: enquanto adeptos e simpatizantes definem-se por não se envolverem na estrutura do partido, militantes são aqueles que dentro desta devem desempenhar atribuições.

Como explana Daniel-Louis Seiler,[68] com lastro nos tipos ideais de Max Weber, o que motiva o comportamento dos militantes, que têm a seu favor uma esperança bastante tênue de benefício material, é uma ação afetiva, que se motiva, no mais das vezes, por fatores destituídos de racionalidade, deixando-se impressionar pela pujança de um partido, pela capacidade de liderança de um candidato, ou tão só pela admiração nutrida por um ou por outro.

Como observa Daniel-Louis Seiler, "nos Estados Unidos, a personalidade do candidato é muito importante para o desencadeamento de um processo militante, mais difícil de distinguir os amadores benévolos. Nesse caso, a duração da ação é o critério discriminatório. É certo que F. D. Roosevelt, verdadeiramente carismático, desempenhou um papel essencial na mobilização de uma geração em benefício do Partido Democrata: os famosos *Roosevelt Democrats*".[69]

2.4.3 Dirigentes

O dirigente é aquele que toma o encargo de, a partir das diretrizes gerais do partido, definir quais serão as estratégias de

---

[67] DEUSTCH, op. cit., p. 73.
[68] SEILER, op. cit., p. 129.
[69] SEILER, op. cit., p. 130.

Bases e perspectivas da reforma política brasileira | 119

ação a serem empreendidas para de fato concretizar os objetivos do partido.

Neste viés, o dirigente pode optar por assumir como bandeira pessoal os valores do partido,[70] motivando assim grande ascendência sobre militantes, adeptos e simpatizantes (e aqui é possível, com Max Weber, falar-se num líder carismático), ou ainda alguém que paralelamente se empenha em destacar-se na organização partidária como meio de granjear proveito pessoal (obedecendo a uma ação racionalmente orientada). Trata-se da *leadership* a que alude Sara Volterra.[71]

A se enveredar pela análise weberiana dos tipos ideais de ação social é possível distinguir de logo o chefe carismático e o empreendedor político. O primeiro encarna a causa, os valores do partido e sua ascendência sobre os militantes e os eleitores e possui algo de místico. O segundo é movido pelo interesse material, ele investe na organização partidária a fim de retirar dela um benefício material pessoal.

Comumente ocorre, no entanto, que se apresentem dissociadas as noções de liderança e de posto dirigente. É possível que um dos membros do partido naturalmente se destaque perante o eleitorado como líder — e assim permanecerá enquanto tiver o apoio daquele, a menos que revogue a democracia intrapartidária — sem que o partido, contudo, lhe tenha entregue, dentro de sua estrutura, um cargo de direção.

2.4.4 Integrantes da bancada

Recebem esta denominação porque, dentre os integrantes dos quadros do partido (que é composto também pelos dirigentes e pelos militantes) são os que receberam um mandato eletivo, compondo a representação do partido no Parlamento.

Nesta qualidade, merecem tratamento especial no estatuto partidário, com acréscimo de regras que se aplicam à atuação no

---

[70] Como bem expõe MICHELS, Robert. *Sociologia dos partidos políticos*. Brasília: Edunb, 1982. p. 35.

[71] VOLTERRA, Sara. *Sistemi elettorali e partiti in America*. Giuffrè: Millão, 1963. p. 131.

Parlamento, concebidas em harmonia com o regimento das casas que integram.

Regras que soem ser mais rígidas, mormente no que toca à fidelidade partidária, motivadas que são pelo fato de que aos integrantes da bancada cabe em primeira mão tornar pública, com a ênfase que a importância do ato requer, a posição do partido diante das propostas em discussão.

2.5 Funções

2.5.1 Funções tradicionais dos partidos políticos

Os partidos políticos gerados no contexto parlamentar liberal, próprio da Inglaterra de John Locke, tinham papéis pouco variáveis dentro da função maior de concorrerem para a formação e expressão da vontade dos eleitores.[72]

Estas são as funções que costumeiramente constam da previsão constitucional, servindo de exemplo as Constituições francesa de 1958 e a alemã (Carta Fundamental de Bonn).

No entanto, com o avanço do modelo de Estado de Bem-Estar, e com a progressiva formação dos partidos de massa, outras foram se agregando àquelas previstas na formalidade constitucional: a de persuadir a opinião pública, agremiar candidatos à eleição e disciplinar os eleitos.

Tais funções, contudo, somente podem ser desempenhadas a partir de um certo grau de envolvimento dos integrantes dos partidos, motivado pelo que Daniel-Louis Seiler refere como "a lógica da mobilização",[73] definindo, num único conceito, o exato momento em que a estrutura partidária encontra a diretriz ideológica, concertando-se aquela em função desta.

A mobilização pode se limitar a uma participação convencional, traduzida no engajamento pessoal a uma ação partidária com o intuito de alcançar o exercício do poder. É o que ocorre, por exemplo, no lançamento de uma candidatura.

---

[72] MOREIRA, op. cit., p. 175.
[73] SEILER, op. cit., p.129.

Fala Maurice Duverger numa participação que se efetua por círculos, distinguindo quatro instâncias que se harmonizam como peças de uma engrenagem no cumprimento das funções partidárias segundo o grau de envolvimento pessoal.[74] Nessa linha separa os militantes, os adeptos, os simpatizantes e os eleitores. Daniel-Louis Seiler prefere adaptá-la para separar os eleitores, os simpatizantes, os adeptos e os dirigentes, aos quais deve-se ainda acrescer os integrantes da bancada.[75]

2.5.2 Função de policiamento do exercício do mandato

O grau de eficácia do trabalho de persuasão do eleitorado é preparatório da "sentença política do sufrágio".[76]

Valendo-se das mais apuradas técnicas de persuasão publicitária, esforçam-se os partidos políticos para reunir elementos voltados a demonstrar ao eleitorado que a escolha da sua proposta é a mais racional. Esse é o objetivo da propaganda partidária.

A ênfase na realização da proposta partidária pode recair sobre um ou outro de seus candidatos, mas sempre será assimilada como proposta do partido, quando muito compartilhada com a proposta pessoal do candidato. Adriano Moreira leva esta constatação às últimas conseqüências quando afirma que "o eleitorado é colocado perante a necessidade de escolher entre aqueles que os partidos lhes oferecerem, de tal modo que, em termos políticos, o mandatário é o partido, não são os deputados".[77]

Esta afirmação, contudo, deve ser interpretada *cum granum salis*, pois, embora seja inegável que o partido tem por objetivo a obtenção do poder, para exercê-lo nos moldes de sua proposta, não se pode chegar ao ponto de excluir a importância do candidato que, não obstante deva guardar coerência com a proposta partidária, tem

---

[74] DUVERGER, op. cit., p. 37.
[75] SEILER, op. cit., p. 129 et seq.
[76] MOREIRA, op. cit., p 175.
[77] MOREIRA, op. cit., p 175.

plena liberdade para apresentar seu projeto, destinado a realizá-la. Este projeto pessoal é que será executado pelo candidato que, para tanto, recebe o mandato. O eleitor votou "no candidato, e não no partido. Esse eleitor é furtado quando seu candidato (o apresentador de televisão, o artista, o futebolista, o nome de grande apelo popular), já agora no exercício do mandato parlamentar, deixa de atender às suas aspirações", como observa José Roberto Batochio.[78]

Não se pode negar que o partido tem ascendência sobre o candidato na medida em que lhe cabe o poder de controle de obediência à diretriz político-ideológica do partido (fidelidade partidária). Mas isto não lhe transmuda em titular do mandato.

A se adotar a postura segundo a qual o partido tem o mandato e não seu candidato, chega-se à conclusão de que a caracterização da infidelidade partidária será necessariamente penalizada com a perda do mandato.

Neste ponto arremata o próprio Adriano Moreira: "por isso se viu desenvolver a prática, umas vezes juridicamente consagrada, outras vezes assente em compromisso pessoal ou estatutário, de os dissidentes parlamentares renunciarem ao mandato, que se entende recebido do partido, e não do eleitorado. É este o ponto que Epstein pretende sublinhar ao falar na função pragmática e de estruturação do voto que atribui aos partidos".[79]

Seguindo-se nesse raciocínio chega-se à conclusão de que os políticos devem exercer o mandato não para executar suas propostas de governo, mas para agradar, ou ao menos, não desagradar, o seu partido.

Chega-se assim a um arraigado conservadorismo partidário, que deve ser combatido pela preservação de um regime democrático interno à estrutura do partido, contornando o surgimento de uma oligarquia na cúpula partidária.

---

[78] BATOCHIO, José Roberto. Fidelidade partidária. Anais da XVII Conferência Nacional da Ordem dos Advogados do Brasil. *Justiça*: realidade ou utopia. Rio de Janeiro, p. 1206, 29 de agosto a 2 de setembro de 1999.

[79] MOREIRA, op. cit., p. 176.

2.5.3 Função pedagógica

Em conjunto com a veiculação persuasiva do programa de governo, com efeito reflexo desta, os partidos exercem em certa parcela uma função educativa do eleitorado, pois acompanhado da consciência dos princípios e dos objetivos do partido, alardeados na propaganda, segue o contato com os meios de realizá-las, passando ao eleitorado uma visão esclarecedora do modo pelo qual se comportam o sistema partidário e até mesmo o Estado, educando os cidadãos para o exercício da democracia participativa e aprimorando-os na formação de uma consciência crítica acerca de todo o sistema político.

Como enfatiza o Ministro Carlos Mário da Silva Velloso, "a democracia pressupõe que o povo tenha alcançado um nível cultural que lhes permita decidir a respeito de seu destino. Para que isso ocorra, o povo tem que estar bem informado".[80]

Muitos partidos, mormente na Europa continental, chegam a manter escolas ou a ministrar cursos voltados ao exercício mais eficaz desta função.

2.5.4 Função de agremiação dos eleitos

Em alguns sistemas jurídicos, a exemplo do brasileiro, não se admite a chamada candidatura independente, lançada sem vinculação a partido.

Nestes países, cabe ao partido político, a partir de uma eleição interna, apontar os candidatos que sustentarão suas propostas na disputa pelo recebimento do mandato.

Os escolhidos serão o instrumento único de promoção da proposta partidária na disputa eleitoral, razão pela qual tendem os partidos a escolher dentre seus filiados aqueles que têm maiores condições de bem desempenhar este encargo.

Deste modo, a função de agremiação de candidatos desempenhada pelo partido leva os escolhidos para disputar a obtenção

---

[80] VELLOSO, op. cit., p. 12.

do mandato eleitoral a se empenharem não apenas na divulgação de suas propostas pessoais, mas também, e por vezes muito mais, na divulgação das propostas partidárias, beneficiando os demais que, pelo mesmo partido, buscam o mesmo objetivo.

Este encargo partidário deixa os candidatos em situações profundamente contraditórias, pois, de um lado, devem empenhar-se em sustentar, com o maior êxito possível, suas propostas pessoais, e por outro, devem também sustentar a proposta partidária, o que leva, de conseqüência, à promoção da candidatura dos demais candidatos que integram o mesmo partido, mas que também disputam a obtenção de mandato eleitoral.

Não é sem razão que muitos países, a exemplo do Brasil, sensíveis a essa realidade, adotam para as eleições parlamentares (pois é nestas que esta situação encontra contexto) o sistema eleitoral proporcional, no qual é fixado, num primeiro momento, o número de candidatos que deve ser eleito por cada partido (conforme a votação recebida pelo partido) e num segundo momento define-se, em atenção ao número de vagas destinadas a cada partido, quais são os candidatos deste que se elegeram, numa ordem decrescente do número de votos recebidos pelo candidato.

Não há como discordar que o sistema eleitoral proporcional concorre também para a harmonia no exercício do mandato dos eleitos de cada partido, sempre guiados pelo norte maior da proposta partidária, até porque, como assinala Adriano Moreira, "não parece cometer-se erro apreciável concluindo que todos seguem, com maior ou menor rigor, o modelo de análise proposto por David Easton para a compreensão da dinâmica de resposta do próprio aparelho político. No fundo, os partidos são projetos de aparelho político e é natural que reproduzam o processo do aparelho que pretendem substituir e ocupar, de modo que, conforme o aparelho político invade ou ameaça invadir a sociedade civil, a estrutura do partido reproduz ou antecipa o projeto".[81]

---

[81] MOREIRA, op. cit., p. 178.

2.5.5 Função de controle

A partir do momento em que a opção fundamental do Estado marca-se pelo objetivo de manter e criar uma democracia, o pluralismo destaca-se como princípio de organização social, o que, reta via, vai refletido na organização partidária.

Segue-se daí a criação de um sistema partidário que permitirá o exercício legítimo do poder apenas a partir do consenso, admitido, portanto, o dissenso, com possibilidade de alternância no governo.

Como lembra Hans Kelsen, "o direito da maioria pressupõe a existência do direito da minoria".[82]

Gabriel Lavan define esta função, apelidando-a de tribunícia, como sendo a voz de grupamentos sociais de ordinário segregados, as minorias, que fazem uso desta função para exercício da crítica dos atos governamentais e dos partidos maiores.[83]

Como comenta Adriano Moreira, "quase todas as organizações da chamada nova esquerda se apresentam sobretudo com essa função. Os partidos comunistas europeus, na medida em que sistematicamente se afastaram das responsabilidades do Governo, mesmo quando tiveram ou lhe ofereceram essa oportunidade, optaram sobretudo pela função tribunícia".[84]

Deste modo, se de um lado os partidos da situação tem por função (e por obrigação) buscar implantar seu programa de governo, sua plataforma de campanha (mais comuns em coligações), os de oposição tem a obrigação de controlá-los nesta função guiados pelos princípios maiores da legalidade e da moralidade.

Para que o exercício desta função de controle mostre-se de fato eficaz, é fundamental garantir-se, principalmente às minorias partidárias, o direito de crítica, aliado à publicidade de todos os atos estatais, instrumentalizados por meios eficazes para que não permaneçam reduzidos a um controle meramente formal, que muito mais colabora numa ditadura ou num totalitarismo aparentemente

---

[82] KELSEN, op. cit., p.142.
[83] LAVAN, Gabriel. *Le comunisme en France*. Paris: Dalloz, 1969. p. 37.
[84] MOREIRA, op. cit., p. 178.

126 | Fernando Gustavo Knoerr

democráticos, pois "em um regime totalitário, a participação só é tolerada por elementos do mesmo partido. Só pode participar quem faz parte do partido único. Mas pode haver regimes que não sejam inteiramente representativos, onde possa haver uma participação, pelo interesse do indivíduo em participar de determinadas comissões ou órgãos governamentais, sem que isto o envolva ou comprometa no processo político".[85]

Como resultado do reconhecimento cada vez maior desta função tribunícia aos partidos políticos tem-se, em algumas legislações, a previsão da prerrogativa do partido político ser parte em ações voltadas à promoção ou à defesa do interesse público provocando a atuação do aparato judiciário.

A Constituição brasileira reserva aos partidos políticos com representação no Congresso Nacional o desempenho desta função na medida em que consagra no artigo 103, VIII, legitimidade para propositura de Ação Direta de Inconstitucionalidade, assim como para impetração de Mandado de Segurança Coletivo, sem que se lhes aplique a regra da limitação temática.[86]

---

[85] CAVALCANTI, Themístocles. Representação e participação. *Revista de Ciência Política*, Rio de Janeiro, v. 18, p. 22, nov. 1975.

[86] Neste sentido já se sedimentou o entendimento do STF, servindo de exemplo o acórdão cuja ementa se reproduz na parte que interessa: "Os Partidos Políticos com representação no Congresso Nacional acham-se incluídos, para efeito de ativação da jurisdição constitucional concentrada do Supremo Tribunal Federal, no rol daqueles que possuem legitimação ativa universal, gozando, em conseqüência, da ampla prerrogativa de impugnarem qualquer ato normativo do Poder Público, independentemente de seu conteúdo material. A posição institucional dos Partidos Políticos no sistema consagrado pela Constituição do Brasil confere-lhes o poder-dever de,mediante instauração do controle abstrato de constitucionalidade perante o STF, zelarem tanto pela preservação da supremacia normativa da Carta Política quanto pela defesa da integridade jurídica do ordenamento consubstanciado na Lei Fundamental da República. A essencialidade dos partidos políticos, no Estado de Direito, tanto mais se acentua quando se tem em consideração que representam eles um instrumento decisivo na concretização do princípio democrático e exprimem, na perspectiva do contexto histórico que conduziu a sua formação e institucionalização, um dos meios fundamentais no processo de legitimação do poder estatal, na exata medida em que o Povo — fonte de que emana a soberania nacional — tem, nessas agremiações, o veículo necessário ao desempenho das funções de regência política do Estado. O reconhecimento da legitimidade ativa das agremiações partidárias para a instauração do controle normativo abstrato, sem as restrições decorrentes do vínculo de pertinência temática, constitui natural derivação da própria natureza e dos fins institucionais que justificam a existência, em nosso sistema normativo, dos Partidos Políticos" (Supremo Tribunal Federal. ADIMC nº 1096-RS. Relator: Ministro Celso de Mello. Julgamento: 16.03.95. Tribunal Pleno. *Diário de Justiça da União* 22.09.95, p. 30589, Ementário v. 01801-01, p. 85).

Bases e perspectivas da reforma política brasileira | 127

Da Inglaterra colhe-se o exemplo maior do respeito à oposição, pois chega ao ponto de não ser reconhecida apenas implicitamente, por decorrência do regime democrático representativo, sendo de fato institucionalizada. Há até mesmo a previsão de um estipêndio para o líder da oposição, responsável pela chefia do *shadow cabinet.*

2.5.6 Função de comunicação

Karl Deutsch, por sua vez, assinala a função de comunicação, responsável pela manutenção de uma troca de informações entre os filiados (ou o que chama de ativistas) e a cúpula partidária, ditando a dialética da adaptação da estrutura e da função do partido político às necessidades do eleitorado.[87]

Trata-se de uma função estruturada na dialética de previsão dos anseios do eleitorado como recurso para adaptação da estrutura partidária, dinamizando-a de modo a possibilitar-lhe um atendimento mais eficaz daqueles.

Tem-se nesta função a aglutinação do contínuo processo de adaptação de uma estrutura (a partidária) à sua função, deixando à mostra o funcionalismo de Karl Deutsch que o leva a reservar um papel garantista ao partido político: o partido político é a estrutura que se esforça por estar sempre preparada para atender os anseios populares.[88]

---

[87] DEUTSCH, op. cit., p. 73.

[88] A visão de Karl Deutsch encontra-se inserida no período de auge do modelo centro-europeu de *welfare state*, na mesma linha em que é didaticamente assinalado por Norberto Bobbio quando leciona que: "la prevalenza data al concetto di obbligo e alla spiegazione dell'obbligo in termini di sanzione e di coazione sarebbe il principale e non piú desiderabile efetto di quella immagine: 'quando si definisce 'obbligo giuridico e si atribuisce una funzione a questo concetto, si presuppone come modello di sistema un tipo di organizzazione sociale ormai perenta: lo stato gendarme che con technique limitate perseguiva fini altretanto limitati'. In seguito alla profonda transformazione che ha dato ovunque origine al Welfare State, gli organi pubblici perseguono i nuovi fini proposti all'azione dello stato mediante nuove technique di controlo sociale, diverse da quelle tradizionali. 'Non é possibile' — precisa Carrió — 'che l'apparato concetuale, elaborato dalla teoria generale del diritto, persista inalterato attraverso mutamenti tanto radicali" (BOBBIO. *Dalla struttura...*, op. cit., p. 13).

2.6 Sistemas

2.6.1 Sistemas partidários e democracia

Na estrutura do modelo político de Estado Liberal, a nítida divisão, operada pela lei (em sentido político), entre a espacialidade pública e a espacialidade privada punha em salvaguarda as liberdades individuais, já que resguardadas pela consagração da vontade da maioria, responsável pelo exercício do poder político.

Neste cenário, a função dos partidos políticos, como agremiações surgidas no espaço privado, era a de granjear votos no intuito de estender a amplitude de seus eleitores, conquistando assim o direito de expressar a vontade da maioria, segundo seu projeto de governo.[89]

Tal como na economia — espaço por excelência reservado à gestão privada — a política nestes modelos de democracia liberal também se encontrava inspirada pela livre concorrência, pela competição na busca do apoio do eleitorado.

Nesta concorrência, que naturalmente adquire um certo sentido predatório, apenas os grandes partidos sobrevivem, eliminando o espaço de influência, ou até mesmo a existência, dos partidos menores. Desta constatação são exemplos as democracias norte-americana e inglesa, nas quais é possível criar tantos partidos quantos se julgar necessário. Contudo, apenas dois (Republicano e Democrata, nos EUA, Conservador e Trabalhista, na Inglaterra, após a suplantação do Liberal pelo Trabalhista) têm condições de efetivamente assumir o governo, alternando-se em intervalos de periodicidade variável.

Os partidos pequenos, quando não absorvidos organicamente pelos maiores, são-no funcionalmente, passando a ter suas atividades direcionadas em função da linha adotada pelo partido maior, com o qual tenha mais proximidade. Passam, em síntese, a atuar como satélites, gravitando em torno dos partidos maiores.

---

[89] Esta afirmação calha com mais propriedade à experiência norte-americana, na qual é possível verificar o surgimento dos partidos de massa muito antes da consolidação das premissas do modelo de *welfare state*.

No Brasil, estes partidos pequenos são comumente referidos como legendas de aluguel, pois, ao se aliarem a partidos maiores, em troca de alguns favores destes, cedem a parcela de tempo que lhes cabe na veiculação do horário eleitoral gratuito, repassando àqueles até mesmo a parcela que lhes cabe no rateio do fundo partidário. Servem provisoriamente (por isso "de aluguel") a interesses dos partidos maiores.

Não é sem razão que Giovanni Sartori, em frase que já se tornou clássica, e nem por isso absolutamente verdadeira, que "Provavelmente nenhum país do mundo atual é tão avesso aos partidos como o Brasil — na teoria e na prática. Os políticos se relacionam com seus partidos como 'partidos de aluguel'. Mudam de partido freqüentemente, votam contra a linha partidária e rejeitam qualquer tipo de disciplina partidária, com base no argumento de que liberdade de representar o eleitorado não pode estar sujeita a interferência. Assim os partidos são entidades voláteis, e o presidente é deixado flutuando sobre o vazio, com um congresso rebelde e eminentemente atomizado".[90]

Embora não mais ocorra no Brasil, tem-se tentado a eliminação destas legendas de aluguel a partir do estabelecimento das chamadas cláusulas de barreira ou cláusulas de exclusão, como adiante se analisará.[91]

Nas experiências norte-americana e inglesa, esta monopolização da política por poucos partidos, não obstante possa ser apontada como contrária à própria concepção da democracia, pois limitadora da representatividade, mormente em sociedades heterogêneas, tem, no entanto, a vantagem de fazer com que o partido que governa, não obstante governe sozinho após eleito, esteja

---

[90] SARTORI. *Engenharia...*, op. cit., p. 112.

[91] Dentre as propostas de reforma política encontra-se a que busca redefinir os parâmetros traçados pelo art. 13 da LOPP para a qualificação de partido com funcionamento parlamentar, limitando o acesso aos recursos partidários e à partição no horário da propaganda eleitoral gratuita aos que não atingirem estes parâmetros mínimos. Não se trata, é bem verdade, de uma cláusula de exclusão prevista nos moldes tradicionais, mas de um dispositivo que muito provavelmente acarretará a exclusão do partido do cenário político pelo desencadeamento e incentivo do definhamento de seu poder de disputa eleitoral. A proposta encontra-se exposta no Relatório nº 01/98 da Comissão Temporária Interna destinada a estudar a reforma partidária. p. 18-21.

130 | Fernando Gustavo Knoerr

submetido ao forte crivo da oposição. Oposição que também já governou, e que conserva a séria perspectiva de voltar a governar, o que a proíbe de realizar críticas pelas quais possa mais tarde vir a ser responsabilizada.

Em síntese, o controle partidário exercido pela oposição sobre o governo em regimes bipartidários encontra naturalmente um ponto de autocalibragem, de autocompensação. Como bem frisado na observação de Giovanni Sartori, "para o Congresso controlado pelos democratas, colaborar com o presidente republicano é contribuir para que ele faça o seu sucessor. Inversamente, um presidente minoritário (no Congresso) que procura restaurar um governo sem divisão é levado a se opor ao Congresso, atribuindo-lhe a responsabilidade pelas dificuldades políticas que enfrenta".[92]

2.6.2 Bipartidarismo

Define-se a partir do momento em que se encontram no cenário político dois partidos com reais condições,[93] e com reais intenções, de alcançarem o exercício do poder.

Esta ressalva é fundamental porque há casos em que se registra a existência de dois partidos, sendo um deles meramente simulado (sem a real intenção ou condição de chegar ao exercício do poder), com o objetivo de sustentar uma aparência de democracia. A dualidade deve ser real, e não apenas aparente.[94]

É o que ocorria no Brasil, durante o regime militar, com a chamada "oposição confiável", reservando-se a esta, como historia Paulo Bonavides, "limites tão apertados, fixando-lhes a participação tolerada, que ela existia unicamente para coonestar, em termos de consumo externo, a falsa imagem representativa com que se buscava dissimular a essência autoritária do regime".[95]

---

[92] SARTORI. *Engenharia...*, op. cit., p. 104.

[93] DALLARI, Dalmo de Abreu. *Elementos de teoria geral do estado*. 20. ed. São Paulo: Saraiva, 1998. p. 164.

[94] MENDONÇA, Otávio. Partidos políticos brasileiros. *Revista de Ciência Política*, Rio de Janeiro, v. 24, n. 1, p. 20, jan./abr. 1981.

[95] BONAVIDES, Paulo. A decadência dos partidos políticos e o caminho para a democracia direta. In: *Direito* eleitoral..., op. cit., p. 32.

Bases e perspectivas da reforma política brasileira | 131

Também Giovanni Sartori apresenta esta observação quando assevera que "Um primeiro ponto a observar é que quando dizemos 'dois partidos' precisamos saber se os partidos são os verdadeiros atores em cena".[96] Em um sistema bipartidário, torna-se comum que um partido busque cercar o outro, o que nem sempre ocorre por divergências ideológicas, mas pelo contrário, poderiam até ser eventualmente concordes neste particular, mas nem um nem outro admitem a convergência de interesses.

É, portanto, bastante comum que no bipartidarismo a ideologia partidária seja utilizada como espada que, manejada para todos os lados, presta-se para golpear o outro partido, deixando evidente que no bipartidarismo o elemento teleológico do partido tem enfatizado seu caráter egoístico. Este se encontra bem retratado por David Hume, quando afirma que "assim como os legisladores e fundadores de Estado devem ser honrados e respeitados pelos homens, assim também devem ser detestados e odiados os fundadores de seitas e facções, pois a influência do espírito de facção é diretamente contrária à das leis. As facções subvertem o governo, tornam impotentes as leis e geram a mais feroz hostilidade entre os cidadãos do mesmo país, os quais devem dar uns aos outros, mútua assistência e proteção".[97]

A ideologia é manejada não ao sabor da vontade da coletividade, mas como meio eficaz de combater a ideologia do partido concorrente. Sublinha Maurice Duverger, neste sentido, que "quando um partido se acha na oposição, considera que a política é luta, sendo diferente quando está no poder, considerando-a então como integração".[98]

Como assinala Karl Deutsch, "para que um sistema bipartidário resulte, tem de haver uma boa dose de sobreposição das diferentes especialidades e interesses. Ambos os times devem, ainda, jogar do mesmo lado, e tanto os jogadores como os espectadores terão que estar cientes disso. Quando assim não acontecer, é possível que

---

[96] SARTORI. *Engenharia...*, op. cit., p. 108.
[97] HUME, op. cit., p. 273.
[98] DUVERGER, Maurice. *Introducción a la política*. Barcelona: Ariel, 1963. p. 201.

132 | Fernando Gustavo Knoerr

o sistema bipartidário degenere em hostilidade mútua e, até, em guerra civil, como aconteceu, em 1934, na Áustria, entre socialistas conservadores e católicos. Os Estados Unidos e a Grã-Bretanha proporcionam, desde há muito, o exemplo de sistemas bipartidários que funcionam".[99] No sistema bipartidário é também mais comum a frustração do eleitorado diante da ausência de integral coadunação da ideologia partidária com suas pretensões pessoais, o que é uma decorrência natural de um sistema que busque abranger em duas categorias os multivariados interesses dos atores sociais.

Como conseqüência, a sustentação do bipartidarismo pede uma capacidade de harmonização de interesses bastante maior, assim como uma maior plasticidade das ideologias partidárias, de modo a abranger uma amplitude maior de variantes, já que vários grupos deverão se adaptar, buscando na ideologia de um dos dois partidos o eco de suas doutrinas.

O preço da frustração de muitos desses grupos, decorrente da sensação de que apenas uma parte mínima de seus anseios encontra guarida na ideologia partidária, tem por resultado freqüente o nivelamento de ambos os partidos como partidos de expressão, e não de ação.[100]

Já num sistema multipartidário são mais comuns os partidos de ação, que, via de regra, chega ao poder, acordando programas governamentais, legislativos, distribuições e preenchimentos de cargos na estrutura da Administração.

Karl Deutsch encontra similitude entre os governos de coalizão formal e as coalizões informais de grupos de interesse, assinalando que a diferença entre ambos, contudo, encontra-se na maior facilidade com que estas podem ser dissolvidas, ao contrário daquelas,[101] o que decorre da menor potencialidade de dano político envolvida na dissolução da coalizão informal.

Desta comparação se percebe que a flexibilidade e a estabilidade de um sistema partidário não depende do sistema em si, mas

---

[99] DEUTSCH, op. cit., p. 85.
[100] DEUTSCH, op. cit., p. 86.
[101] DEUTSCH, op. cit., p. 87.

do nível de organização da estrutura de cada partido, pois, um partido que tenha de fato uma estrutura mais flexível terá condições de abrigar uma variante maior de interesses, pouco importando se integrado a um sistema bi ou multipartidário (embora, repita-se, a necessidade de flexibilidade seja maior no bipartidarismo).

Ganham relevo, portanto, nesta análise, as diferenças entre os partidos, assinaladas por Karl Deutsch a partir de sete características, a saber: "(1) os interesses que ele serve; (2) os objetivos a que se propõe; (3) os seus objetivos reais; (4) a dimensão e a natureza do seu tipo de associativismo; (5) origens mais marcantes de seus eleitores e dos seus outros apoios políticos; (6) suas principais fontes de financiamento; e (7) a burocracia interna e o mecanismo administrativo que governa".[102]

Atendo-se à terceira hipótese, quando ocorre coincidência entre os objetivos professados pelo partido e o que ele realmente busca, tem-se o que Karl Deutsch refere como partidos "politicamente orientados".[103]

A finalidade maior, ou única até, da existência desses partidos é a de implementar seus programas de ação, em nível legislativo ou executivo. "Eles pretendem determinar o que é feito, não importa quem tenha o encargo de fazê-lo",[104] assinalando um pragmatismo muito próprio dos povos de formação protestante. Não é sem sentido que "nos Estados Unidos, os partidos minoritários têm sido, freqüentemente, deste tipo".[105]

Um partido passa a se caracterizar como sendo politicamente orientado quando seus projetos superam a existência de seu fundador, empenhando-se, no entanto, na realização das ideias que

---

[102] DEUTSCH, op. cit., p. 87.

[103] DEUTSCH, op. cit., p. 87.

[104] DEUTSCH, op. cit., p. 88.

[105] Citando um exemplo: "no decorrer de sua longa vida, Norman Tomas candidatou-se por seis vezes à presidência dos Estados Unidos, pela lista de candidatos socialistas. Sempre foi derrotado, no sentido de que nunca ganhou uma eleição, mas quando morreu, em 1968, os jornais salientaram que quase a totalidade das reformas pelas quais ele se batera tinha-se tornado lei; com o decorrer dos anos, essas reformas haviam sido aprovadas precisamente pelos partidos majoritários que o haviam derrotado. Se Norman Thomas teve algum dia a ambição do poder, ela não se tornou realidade, mas as suas aspirações políticas foram, em grande medida, coroadas de êxito" (DEUTSCH, op. cit., p.88).

134 | Fernando Gustavo Knoerr

este deixara, tornando-as sua cartilha de atuação política, à qual seus membros, por dever histórico de lealdade, devem fidelidade.

Em outros partidos, o elemento teleológico assume caráter mais nitidamente egoístico, restando de somenos importância a realização do projeto político para saltar em efetivo relevo o responsável pela realização. A valorização da pessoa desprende-se da valorização ideológica.

2.6.3 Pluripartidarismo ou multipartidarismo

Quando, porém, não se forma o bipartidarismo, presencia-se em outras democracias a fragmentação da representação em vários partidos, das mais variadas linhas ideológicas (quando as têm), veiculadores dos mais variados interesses (de grupos ou pessoais, caudilhistas), não se reconhece a nenhum deles, isoladamente, condições de chegar ao governo. Daí, aproximando-se o período eleitoral, observa-se um fenômeno típico do pluripartidarismo: a reunião de partidos que representam interesses, ou perfilam ideologias distintas, como meio único de viabilização do acesso ao governo. No governo, o exercício do poder será loteado, distribuído, em obediência à proporção com que cada partido concorreu para a viabilização da eleição.

Por esta razão, no multipartidarismo, é sobremaneira difícil eleger-se um único partido, sendo bastante raro que o exercício do poder obedeça a uma única linha ideológica.

Como enfatiza Norberto Bobbio, "se o regime é pluripartidário e se torna necessário constituir governos de coligação, isto é, com a participação de vários partidos, resultam daí acordos precários de que cada partido pretende extrair o máximo de proveito com o mínimo de responsabilidades para não comprometer as suas probabilidades de um dia governar sozinho. Os governos assim constituídos são fracos e ineficazes, sempre à mercê das assembléias onde prevalecem as combinações dos directórios partidários e incapazes de levar a cabo as tarefas exigidas pelo bem comum".[106]

---

[106] BOBBIO. *As ideologias...*, op. cit., p. 194.

Essa realidade é mais comum na América Latina, onde as maiorias são artificialmente criadas por coligações partidárias que adredemente, através de acordos entre os partidos, elaboram plataformas de governo. Nesta transigência, cada partido abre mão do que é mais característico em sua doutrina, justamente porque é o ponto mais combatido pelos demais, sendo bastante comum que os pequenos partidos se revistam de importância muito maior do que têm nos bipartidarismo, pois são fundamentais para a formação da maioria. Com a ameaça de sua retirada, comprometem a formação da maioria partidária.

De outro flanco, a oposição no pluripartidarismo tende a ser truculenta[107] e, não raro, escandalosa, buscando chamar a atenção do eleitorado para aspectos nem sempre tão graves, do governo ao qual se encarregam de dar tinturas fortemente negativas. Esclarece Norberto Bobbio, nessa linha, que no pluripartidarismo, os partidos "quando na oposição, denigrem sistematicamente a ação do governo, embaraçando-o e comprometendo-o sempre que lhes é possível, sem embargo de, uma vez no Poder, terem muitas vezes de adoptar a conduta antes severamente censurada".[108]

Daí, no pluripartidarismo, o exercício do governo estar voltado ao atendimento dos interesses gerais permanece de certa forma comprometido pelas manobras que o exercente deve fazer para manter sua legitimidade.

Estes traços característicos do multipartidarismo — quais sejam: a) a ausência de uma linha ideológica, gestada no seio de um partido, voltada a conduzir o exercício do poder; b) a substituição desta linha ideológica (de nítida existência nos bipartidarismos) por acordos realizados ao sabor da conveniência dos partidos e c) a busca da corrosão da legitimidade do governo pelos partidos de oposição — conduzem a uma forte instabilidade do governo, o que o deixa suscetível à instauração de um totalitarismo, é dizer,

---

[107] Embora excluída do contexto histórico, caberia com perfeição enquadrar-se esta forma de oposição na classificação concebida por David Hume, quando, no intuito de classificar os partidos políticos, separa-os em partidos pessoais e partidos reais. Os primeiros baseiam-se na amizade ou na animosidade entre os que compõem os partidos em luta; os segundos fundamentam-se em três tipos: partidos de interesse, partidos de princípios e partidos de afeição (HUME, op. cit., p. 76 et seq.).

[108] BOBBIO. *As ideologias...*, op. cit., p. 193.

de um Estado governado por uma doutrina única, imposta pelos mais variados meios, que não admite oposição. Desta transformação, a história ocidental coleciona três exemplos marcantes.

2.6.4 Monopartidarismo

A Revolução Russa de 1917, inicialmente democrática e depois social-democrata, acabou por dar a vitória (ao cabo de uma guerra civil que durou até 1921) à facção comunista autoritária do partido socialista, os bolchevistas, que passou a ser o partido único. A Constituição de 1936 proclamou a União das Repúblicas Socialistas Soviéticas (URSS), no seu preâmbulo, "um Estado socialista de operários e camponeses" donde haviam sido banidos os últimos resquícios burgueses, logicamente deviam dele desaparecer todos os partidos, o que foi confirmado pelo teor do artigo 126: "os cidadãos mais activos e conscientes, operários, camponeses e intelectuais, unem-se livremente no seio do partido comunista da União Soviética, vanguarda dos trabalhadores na sua luta para a criação da sociedade comunista e núcleo dirigente e todas as organizações de trabalhadores tanto sociais como estaduais".

O exemplo do totalitarismo soviético sugestionou, ao final da primeira Guerra Mundial, outros países ocidentais a buscarem novos horizontes após a declarada falência da democracia-liberal.

A ideia de que o Estado deveria ser o instrumento de realização de uma política social, que calhava com toda conveniência a uma Alemanha humilhada e destruída no final da Primeira Grande Guerra, forneceu o substrato que nesta reação faltava ao Partido Nacional Socialista. Na mesma linha, embora inspirado mais de perto pelo paternalismo latino, seguiu o Partido Nacional Fascista Italiano. A vitória do fascismo na Itália (1942) e do nazismo na Alemanha (1933) conduziu à proclamação dos partidos vencedores como partidos únicos.

Essa expansão da fórmula do partido único encontrou um campo particularmente favorável nos novos Estados africanos. A independência precipitada de muitos desses Estados, economicamente subdesenvolvidos e dispondo de muito escassa elite com

Bases e perspectivas da reforma política brasileira | 137

formação capaz de manejar as técnicas políticas e econômicas do século XX, suscitou graves dificuldades para o exercício do sistema parlamentar da democracia liberal que os antigos colonizadores haviam procurado legar-lhes e em cuja virtude educativa confiavam. Habituados os povos à coesão tribal e à autoridade concentrada e onipotente dos chefes, e necessitados de rápida promoção social e econômica, depressa se verificou a inadaptação dos regimes democráticos europeus às suas condições peculiares. Daí o sucesso de fórmulas como a do socialismo africano, preconizando o governo autoritário apoiado em partido único para realização de um programa social ambicioso. Fórmulas análogas surgiram, aliás, em países asiáticos. Mas nem essas lograram muitas vezes o mínimo de eficiência, disciplina e coerência governamentais, originando-se em tal insucesso a proliferação de numerosas ditaduras militares, que traduzem o predomínio da única força organizada e hierarquizada.

E também na América Latina, sendo claro, contudo, que a tão só existência de partidos políticos não torna um regime político necessariamente democrático, mormente quando se tem um único partido,[109] ou quando "uma democracia cai sob os golpes de alguns militares fanfarrões ou de alguns partidos monopolistas, e o primeiro ato instaurado pelos novos senhores é abolir os partidos políticos, ou reduzi-los ao papel de aparência quando querem assegurar uma face democrática a seu poder ilimitado".[110]

---

[109] Como observa Daniel-Louis Seiler, com toda propriedade: "ao escolher ligar os partidos políticos ao 'sufrágio universal e à democracia', a maioria dos cientistas políticos tropeça num grande obstáculo: o problema do partido único. Muitos deles se contentaram em ignorar o obstáculo; para eles, é partido político toda organização que se intitula partido. Vemo-nos em presença da clássica 'armadilha' da linguagem. Muito curiosamente, a única tese coerente é sustentada por um cientista político que não partilha da opinião majoritária — Jean Blondel. Para ele, os partidos únicos pertencem a uma categoria que ele define como 'partidos de mobilização', que podem manter-se sem concorrência alguma, mobilizando as massas para o desenvolvimento, para o socialismo ou para qualquer outra grande causa contra a tradição, a burguesia, o imperialismo; em resumo: contra o inimigo interno ou externo. A tese inversa foi defendida por Raymond Aron, que, em *Démocratie et totalitarisme*, explicou como um partido monopolista mudava de natureza quando conseguia eliminar seus rivais. Epstein chegou a levar o raciocínio mais longe, ao demonstrar que qualquer análise séria dos partidos políticos deveria limitar sua proposta ao caso das democracias ocidentais; o que pretende igualmente Klaus von Beyme" (SEILER, op. cit., p. 17).

[110] SEILER, op. cit., p. 29.

Todo partido único se apresenta como democrático, confessando-se encarregado de realizar as aspirações da maioria.

Na verdade, conquistado o poder na sustentação desta camuflagem, transformam-se em oligarquias ou autocracias que reservam o efetivo exercício do poder para aqueles que, de fato, integravam minoria comungante do núcleo o partido.

A oposição intrapartidária é afastada pela adoção de uma ortodoxia rígida, obediente muitas vezes a uma disciplina militarizada, responsável pela expulsão dos quadros (purgas ou depurgações) e pela aplicação das mais severas punições aos discordantes. Todo filiado deve ser doutrinado de modo que sua boca expresse apenas a vontade do partido.

Toda oposição extrapartidária será considerada ilegal, e, nessa linha, exemplarmente punida.

No unipartidarismo o Estado torna-se refém da doutrina partidária. No bi ou pluripartidarismo, o Estado é o beneficiário da doutrina partidária, já que esta apenas será exeqüível em arranjo com os demais partidos, mas jamais monopolizante do Estado.

É, de fato, em regimes integralmente corporativos ou socialistas que se pode pensar no sucesso da abolição dos partidos políticos. O resultado, porém, será o predomínio dos técnicos do governo, conduzindo à tecnocracia, para a qual a segunda metade do século XX já tanto tendeu.

2.6.5 Sistema partidário e sistema eleitoral

Estruturam-se as fases de um processo eleitoral de modo a encontrar, com fidelidade, a vontade dos eleitores na escolha daqueles a quem, seguindo o princípio republicano, entregarão o exercício do mandato político.

É inevitável, portanto, concluir que "a democracia pressupõe que o povo tenha alcançado um nível cultural que lhe permita decidir a respeito de seu destino. Para que isso ocorra, o povo tem que estar bem informado".[111]

---

[111] VELLOSO, op. cit., p. 13.

É próprio da realidade que a existência de um sistema eleitoral que privilegie, *tout court*, a vontade da maioria (sistema majoritário), sem qualquer outro fator contrastante, forçará os partidos a se agregarem de modo a alcançar o voto favorável desta maioria.

Também é igualmente claro, de outro lado, que a existência de um sistema eleitoral que conjugue, na conclusão daqueles a quem deverão ser entregues os mandatos políticos (sistema proporcional), a quantidade de votos dados aos candidatos com a quantidade de votos dados ao partido, favorecerá o surgimento da vários partidos, cada qual buscando receber um número maior de votos sem se importar com o padrão de maioria.

É inegável, em síntese, que entre sistemas eleitorais e sistemas partidários trava-se uma relação de profunda intimidade, como elucida Maurice Duverger na enunciação de suas leis, segundo as quais "o sistema majoritário de escrutínio a um só turno tende ao bipartidarismo, enquanto o sistema majoritário de escrutínio a dois turnos e o de representação proporcional tendem ao multipartidarismo".[112]

Não se deve, contudo, olvidar que o próprio Maurice Duverger jamais deu valor absoluto a essas leis, deixando sempre aberta a possibilidade de influência de outros fatores mais abrangentes, tais como a forma de escrutínio, o contexto cultural.

Apesar disso, a doutrina tratou de tornar clássica a enunciação de Maurice Duverger na medida em que a adota como ponto de partida para a análise de qualquer relação entre sistema eleitoral e sistema partidário.

Nelson de Souza Sampaio tratou de demonstrar, na análise da realidade brasileira, que a "proliferação de partidos decorreu de vários fatores: a) a falta de tradição de partidos nacionais; b) o personalismo ainda vigoroso na política brasileira; c) o regionalismo; d) o sistema de representação proporcional".[113]

---

[112] DUVERGER, *Les parties...*, op. cit., p. 45.

[113] SAMPAIO, Nelson de Souza. Os partidos políticos na IV República. In: BONAVIDES, Paulo et al. *As tendências atuais do direito público*: estudos em homenagem ao professor Afonso Arinos. Rio de Janeiro: Forense, 1997. p. 326.

José Afonso da Silva chega até mesmo a afirmar "que o sistema de representação proporcional nada tivera com a multiplicação dos partidos", devendo-se, sim, à conjunção de dois fatores: a) o regime presidencialista de governo, sendo claro que com muito maior razão é nos sistemas parlamentaristas o sistema eleitoral proporcional levará à multiplicação de partidos; b) a dificuldade de acomodação das oligarquias regionais num único partido, na medida em que as Constituições (desde a de 1946) passaram a exigir a amplitude nacional. Tais oligarquias não se acomodaram a um único mando político (em nível nacional), acarretando assim a criação de sublegendas, caracterizadas por alcançarem âmbito nacional apenas em nível formal, conservando-se, contudo, detentoras de um poder nitidamente regionalizado.[114]

2.7 A juridicização dos partidos políticos

Na mais pura doutrina do Estado Liberal via-se a franca contrariedade em se qualificar os partidos políticos como resultantes do direito de associação, pois, deste modo, na eventualidade de o Estado buscar negá-lo ou restringir seu exercício, teria, por via reflexa, condições de eliminar os partidos políticos. Por esta razão, estes eram concebidos como emanação direta da vontade do indivíduo que, guiado por uma conveniência estritamente pessoal, perfilava coincidentemente os mesmos ideais políticos de outros, emblematizados por um notável.

Nesse sentido ruma a definição de Paolo Biscaretti di Ruffia, ainda inspirado por traços liberais, repele essa concepção no direito italiano, pois entende serem associações não reconhecidas, não assumindo a natureza de órgãos do Estado nem de ente público controlado pelo mesmo. Concebe-os como entidades auxiliares do Estado, reconhecendo em sua atividade um exercício privado e funções públicas.[115]

---

[114] SILVA, *Curso...*, op. cit., p. 389-390.
[115] RUFFIA, Paolo Biscaretti di. *Diritto costituzionale*: lo stato democratico monderno. Napoli: Casa Editrice Eugenio Jovene, 1950. p. 260. v. 2.

Sujeitos da política eram os indivíduos e não os partidos.

Tal situação, contudo, foi-se alterando, passando por uma fase intermédia em que os partidos passaram a ser vistos como decorrência do exercício do direito de associação até a concepção dos partidos políticos de fato como associação de fins políticos, mantida com caráter privado, eis que surgida na espacialidade privada, tutelada pela lei.

Como recorda José Afonso da Silva, "o partido se manifesta sempre como uma organização de um grupo social, que se propõe a influir na orientação política. No plano sociológico, essa organização de fins políticos firmou-se em meados do século passado. O legislador do Estado Liberal prefere ignorá-la, reputando-a como um fenômeno extraconstitucional, ainda que no Direito Constitucional encontrasse sua base de sustentação como forma do exercício da liberdade de associação",[116] não destoando da definição de Maurice Hauriou, para quem os partidos políticos constituem uma instituição, como ideia objetiva transformada em uma obra social por um fundador, ideia que recruta adesões no meio social e sujeita assim a seus serviços vontades subjetivas indefinidamente renovadas, para concluir que tem-se instituição onde exista a submissão estável de um corpo social a uma autoridade comum e a redução à unidade de elementos pessoais e materiais diversos mediante uma organização permanente. O partido é uma associação de pessoas para fins políticos comuns, com caráter permanente, no que se encontram os elementos básicos do conceito de instituição.[117]

Deste ponto de definição dos partidos políticos como objeto de tutela legal, passou-se à sua jurisdicização, já insinuada no primeiro pós-guerra.

Mas foi somente com a reação à democracia liberal constatada no final da Primeira Guerra Mundial e com seu definitivo sepultamento após a consolidação do modelo político de Estado Social do segundo pós-guerra, e isto devido a três fatores: a) ao

---

[116] SILVA. *Curso...*, op. cit., p. 375.

[117] HAURIOU, Maurice. *Teoria dell'istituzione e della fundazione*. Giuffrè: Milano, 1967. p. 106-107.

142 | Fernando Gustavo Knoerr

fundado temor diante da possibilidade de ressurgimento de outros totalitarismos, com decidida opção pelo pluralismo democrático; b) a necessidade de se extirpar a possibilidade de criação de outros partidos tidos por radicais, mediante o transplante do modelo democrático também para a estrutura interna do partido, e c) à jurisdicização da relação travada entre indivíduo e governo que, se no modelo de Estado Liberal, era eminentemente política, passa agora a ser marcadamente jurídica, afinal, o controle da estrutura de Estado prestadora de serviços públicos apenas será possível através da lei.[118]

No pós-guerra tornou-se factível o esforço dos Estados continentais europeus em agruparem os partidos políticos como órgãos integrantes de sua estrutura,[119] como bem se pode constatar na definição de Pietro Virga que os considera como uma associação, união de pessoas estavelmente organizadas e juridicamente vinculadas para a consecução de fins políticos comuns, e como órgão do Estado, no que tange à sua característica de grupo eleitoral e de grupo parlamentar.[120]

Não é sem razão, como recorda José Afonso da Silva, que "a primeira vez que uma lei constitucional se lhes referiu parece ter sido na Constituição alemã de 1919 (Constituição de Weimar) para excluir um dos seus malefícios: a influência sobre o funcionalismo público, tentado mais a servir o partido a que deva a sua nomeação do que à coletividade inteira e aos seus interesses gerias. Essa disposição da Constituição de Weimar foi a fonte do artigo 24º da Constituição Portuguesa de 1933, segundo o qual 'os funcionários públicos estão ao serviço da coletividade e não de qualquer partido ou organização de interesses particulares, incumbindo-lhes acatar e fazer respeitar a autoridade do Estado".[121]

Como acentua Jorge Xifra Heras, "la importancia creciente de los partidos, convertidos en las piezas fundamentales de las modernas democracias, no pudo pasar desapercibida al legislador,

---

[118] SOARES, Orlando. Origens das organizações partidárias e os partidos políticos brasileiros. *Revista de Ciência Política*, v. 32, n. 4, p. 39, ago./out. 1989.

[119] MARUDO, Lídice Aparecida Pontes. O processo político-partidário. *Revista de Ciência Política*, v. 6, n. 4, p. 69, out./dez. 1972.

[120] VIRGA, Pietro. *Il partito nell'ordinamento giuridico*. Milano: Giuffrè, 1948. p. 49.

[121] SILVA. *Curso...*, op. cit., p. 383.

que se vio constreñido a tener en cuenta su actividad en las leyes electorales, en los reglamentos de las Asambleas y en algunas constituciones recientes (Ley fundamental de Bonn, art. 21; Constitución italiana, art. 49). La legalización y constitucionalización de los partidos supone una prueba decisiva de la integración de la sociedad en el Estado, de la conexión de las normas constitucionales con la realidad social".[122]

A partir deste primeiro passo, com a extensão do modelo de Estado Social para outros países europeus, outras Constituições do pós-guerra também passaram a dispor sobre os partidos políticos, como o fez a Constituição da República italiana (1947) no seu artigo 49 ao consagrar o direito dos cidadãos a filiarem-se livremente em partidos para colaborar segundo o método democrático na determinação da política nacional.

Também a Lei Fundamental da Bonn (1949), em seu artigo 21, conceitua os partidos como instrumentos de colaboração na formação da vontade popular. Permite a livre criação, desde que respeitados os princípios democráticos, sendo condicionado o funcionamento à periódica demonstração da procedência de seus aportes financeiros. Reconhece ao Tribunal Constitucional Federal competência para declarar inconstitucionais, e, portanto, inválido o funcionamento de partidos que afrontem os princípios democráticos, concebidos como tais nesta Carta Política.[123]

Na Constituição francesa de 1958, lê-se no artigo 4° que "os partidos e os grupos políticos concorrem para a expressão do sufrágio, podendo formar-se e exercer a sua atividade livremente contanto que respeitem os princípios da soberania nacional e da democracia".[124]

Também a Constituição da Turquia de 1961 traz previsão sobre os partidos políticos nos artigos 56 e 57,[125] para prever o

---

[122] XIFRA HERAS, Jorge. *Formas y fuerzas políticas*. Barcelona: Cultural, 1958. p. 69.

[123] HESSE, Konrad. *Elementos de direito constitucional da República Federal da Alemanha*. Porto Alegre: Sergio Antonio Fabris, 1998. p. 143.

[124] CHARLOT, Jean. *Les partis politiques et le systéme politique en France*. Paris: Ministère des Affaires Étrangères, 1988. p. 45.

[125] "Artigo 56 – Citizens have the right to form political parties to participate or leave in accordance with the procedure". E "Artigo 57 – The regulations, programs and activities of the political parties have to be in accordance with the principles of the democratic and secular

144 | Fernando Gustavo Knoerr

direito de livre criação e funcionamento condicionado à observância dos princípios democráticos e à incindibilidade do território estatal. Deverão prestar contas de suas receitas perante o Tribunal Constitucional. Podem ainda ser citados, neste plano, os exemplos da Constituição da República Portuguesa (art. 10)[126] e da Grécia (art. 29).[127]

2.7.1 A experiência brasileira

No período imperial, durante o reinado de D. Pedro I, não houve partidos políticos. Grupos políticos começaram a surgir durante a Regência, vindo a se firmar como partidos sob o reinado de D. Pedro II.

Na CF de 1934, houve tênue referência ao partido político apenas para (1) estabelecer a proibição de o servidor público favorecê-los, e (2) vedar a perseguição de servidores públicos subordinados por motivos partidários.

A CF de 1937 referiu o assunto apenas para proibir todas as associações partidárias e similares.

Na CF de 1946, já sentidos os sopros europeus da consolidação do modelo de Estado Social, é encontrada uma série de dispositivos voltados à disciplina do partido político, definindo-o como pessoa jurídica de direito público, de caráter nacional, dispondo sobre seu registro e cassação perante a Justiça Eleitoral.

Com o Golpe Militar de 1964, os 13 partidos de então foram de um só golpe extintos pelo Ato Institucional n° 2, de 1965, retornando a disciplina pela edição do Ato Complementar n° 4, que reconhecia

---

republic wich depend on the human rights and freedoms and with the basic principle stating that the State is an indivisible whole with its territory and nation. Parties wich do not obey these principles are closed permanently". *The Turkish Constitution*. Ankara: Basnur Matbaasi, 1961. p. 21-22.

[126] "Artigo 10° - 2. Os partidos políticos concorrem para a organização e para a expressão da vontade popular, no respeito pelos princípios da independência nacional e da democracia política" (Constituição da República Portuguesa. Almedina: Coimbra, 1989. p. 11).

[127] "Article 29.1. Les citoyens hellènes ayant droit de vote peuvent librement créer des partis politiques ou y adhérer; l'organisation et l'activité de ces partis doivent servir le fonctionnement libre du régime démocratique. Les citoyens qui n'ont pas encore obtenu le droit de vote peuvent adhérer aux sections de jeunesse des partis" (*Constitution de la Grèce*. Atenas: Serviço de Estudos da Câmara dos Deputados, 1992. p. 36).

apenas aos membros do Congresso Nacional a prerrogativa de organizar partidos, mediante registro no TSE.

A CF 1967 mencionou os partidos políticos, em regramento bastante próximo do previsto pela de 1946, inovando pela previsão de cláusula de exclusão.

A Emenda Constitucional nº 01/69 pouco modificou a disciplina dos partidos políticos, tendo diminuído a cláusula de exclusão de 10% para 5%.

A Emenda Constitucional nº 11 alterou o artigo 152 da Emenda 01/69, revogando as limitações à criação de partidos impostas pelos Atos Institucionais.

Ainda, a Emenda Constitucional nº 25, de 1985, já na "Nova República", ao lado da instituição do voto do alfabeto, consagrou a ampla liberdade na criação de partidos políticos, retirando a penalidade de perda do mandato nos casos de infidelidade partidária.

Em nível infraconstitucional, foi promulgado em 1932 o primeiro Código Eleitoral brasileiro, revogado pela edição a Lei Constitucional nº 09, que aprovou a "Lei Agamenon Magalhães", destinada a regrar a primeira eleição realizada após a queda da Ditadura Vargas.

Em 1950 foi promulgado novo Código Eleitoral (Lei nº 1.164, de 24 de julho de 1950), que disciplinou os partidos políticos até a promulgação da primeira Lei Orgânica dos Partidos Políticos, em julho de 1965 (Lei nº 4.737, de 15 de julho de 1965).[128] O artigo 152 daquele primeiro texto fixou algumas diretrizes a serem observadas no regramento partidário, tais como: a extensão da atuação partidária em nível nacional; a necessidade de registro para a concessão de personalidade jurídica; cláusula de exclusão fixada em 5% do eleitorado que haja votado na última eleição geral para a Câmara dos Deputados, distribuídos, pelo menos, em sete Estados com o mínimo de 7% em cada um deles, para a formação e manutenção dos partidos; fiscalização financeira; fidelidade partidária e proibição de coligações.

---

[128] MUKAI, Toshio. *Sistemas eleitorais no Brasil*. São Paulo: Instituto dos Advogados de São Paulo, 1985. p. 26.

146 | Fernando Gustavo Knoerr

Foi posteriormente alterada Lei nº 5.682, de 1971, e substancialmente modificada pela Lei nº 6.767, de 1979.

A ordenação normativa dos partidos, tanto em nível legal como em nível constitucional, passa a existir a partir da previsão, ao menos em aspectos básicos, de sua estrutura, de seu ideário, de sua ideologia e, de conseqüência, de seu programa de atuação, pautando um sistema de controle de amplitude variável, adotando-se uma regulamentação maximalista ou minimalista em função do grau de interferência do Poder Público.

Neste período foi também promulga a Lei de Inelegibilidade e um novo Código Eleitoral.

Aproveitando-se destas heranças históricas, a Constituição Federal de 1988, ao teor do art. 17, §2º, definiu os partidos políticos como associações privadas, que, após adquirirem personalidade jurídica, na forma da lei civil, com estatutos devidamente arquivados em cartório de registro de títulos e documentos, registrarão seus estatutos também no Tribunal Superior Eleitoral,[129] em função de seu relevante interesse público.

Ficou, portanto, definitivamente superado o disposto no art. 2º da Lei nº 5.682/71, que lhes reconhecia a natureza de pessoa jurídica de direito público interno, mesmo porque estas são criadas diretamente pela lei.

Rente à coerência da previsão constitucional segue o artigo 1º da Lei nº 9.096, de 19 de setembro de 1995, prevendo que o partido político é "pessoa jurídica de direito privado que tem por função assegurar, no interesse do regime democrático, a autenticidade do sistema representativo e a defender os direitos fundamentais previstos na Constituição Federal", sendo taxativo ao restringir a admissão de registro dos estatutos partidários aos que disponham sobre, "fidelidade e disciplina partidárias processo para apuração das infrações e aplicação das penalidades, assegurado amplo direito de defesa" (art. 15, V), assim como "procedimento de reforma do programa e do estatuto".

---

[129] Estará assim a estrutura da Justiça Eleitoral brasileira exercendo uma das nuances de sua função administrativa.

Poderá o partido autonomamente prever em seus estatutos os casos de cancelamento da filiação, ocorrendo cancelamento automático nos casos de dupla filiação não comunicada (art. 22, parágrafo único).

2.7.1.1 Princípios constitucionais da organização partidária na experiência brasileira

O art. 17 da Constituição consagra como "livre a criação, fusão, incorporação e extinção de partidos políticos". Entretanto, esta autonomia encontra seus primeiros limites no próprio texto do artigo, pois devem ser resguardados a soberania nacional, o regime democrático, o pluripartidarismo e os direitos fundamentais da pessoa humana. O partido deverá ainda ser de caráter nacional, sendo-lhe vedado receber recursos de entidade ou governo estrangeiros ou de subordinar-se a estes, devendo prestar minudentemente contas à Justiça Eleitoral, nas quais demonstrará a origem e o destino de seus recursos.

Como decorrência desta autonomia encontra-se também albergada a prerrogativa de aderir ou não a um partido, de permanecer filiado ou de desfiliar-se.

Frise-se, contudo, que estes limites, longe de restringir a autonomia partidária,[130] estão a lhe dar contornos, pois fixam de modo taxativo os princípios que não poderão ser ultrapassados pela atuação do partido, sob pena de motivar o exercício do poder de polícia estatal.

Tem-se claro, contudo, que se nenhum destes limites for transgredido, sob nenhuma hipótese poderá o Estado interferir na vida partidária.[131]

---

[130] Restringem, sim, a liberdade partidária. Por esta razão não há como concordar com a terminologia de José Afonso da Silva (SILVA, op. cit., p. 384), sendo cediço que a distinção entre liberdade e autonomia encontra-se justamente no fato de que as liberdades são ilimitadas, e por isso não são garantidas. De outro lado, a autonomia, no sentido consagrado por Rousseau, é por definição limitada, mas garantida dentro de suas limitações. Com mestria ímpar, Guido Zanobini chega a frisar que "tudo que é juridicamente garantido é juridicamente limitado".

[131] Neste sentido decisão proferida pelo Supremo Tribunal Federal quando assentou que "Autonomia partidária. A Constituição Federal, ao proclamar os postulados básicos que

148 | Fernando Gustavo Knoerr

É na obediência a estes limites, portanto, que se afirma a autonomia partidária diante de qualquer tentativa de intervenção governamental, tornando os partidos refratários a atos que infundadamente busquem puni-los ou extingui-los.

2.7.1.1 Limites à autonomia partidária

a) O caráter nacional: contrariando linha que vinha sendo seguida pelas Constituições de 1967 e de 1969,[132] a Constituição de 1988 não cuidou de traçar os parâmetros a partir dos quais se pode considerar um partido como sendo de âmbito nacional, carecendo o artigo 17 de regulamentação, neste particular.[133] As normas constitucionais revogadas impunham critérios para que assim fosse esta qualificação.

b) A vedação do uso de organização paramilitar: é herança marcante do modelo de Estado mínimo, como correspondente administrativo do modelo político de Estado Liberal,

---

informam o regime democrático, consagrou, em seu texto, o estatuto jurídico dos partidos políticos. O princípio constitucional da autonomia partidária — além de repelir qualquer possibilidade de controle ideológico do Estado sobre os partidos políticos — cria, em favor desses corpos intermediários, sempre que se tratar da definição de sua estrutura, de sua organização ou de seu interno funcionamento, uma área de reserva estatutária absolutamente indevassável pela ação normativa do Poder Público, vedando, nesse domínio jurídico, qualquer ensaio de ingerência legislativa do aparelho estatal. Ofende o princípio consagrado pelo art. 17, §1º, da Constituição a regra legal que, interferindo na esfera de autonomia partidária, estabelece, mediante específica designação, o órgão do Partido Político competente para recusar as candidaturas parlamentares natas (Supremo Tribunal Federal. ADINMCO nº 1.063-DF. Relator: Ministro Celso de Mello. Julgamento: 18.05.94. Tribunal Pleno *Diário de Justiça da União*, 27.04.01, p. 00057, Ementário v. 02028-01, p. 00083).

[132] Os partidos dependiam da obtenção de 3% do eleitorado nacional, distribuídos pelo menos em cinco Estados, com um mínimo de 2 % em cada um deles (art. 152, §1º, da CF de 1969).

[133] Para José Afonso da Silva, a Constituição tratou de remeter este tema à regulamentação por lei, à qual estará adstrito o partido por força do que prevê o próprio artigo 17, quando impõe ao 'funcionamento parlamentar de acordo com a lei'. Mais uma vez se discorda do ilustre constitucionalista, pois o caráter nacional não é posto pela Constituição como requisito de funcionamento tão somente, mas muito mais como requisito de regular criação dos partidos políticos, devendo ser observado não apenas porque a Constituição determina o "funcionamento parlamentar e acordo com a lei", mas unicamente porque, ainda que a Constituição nada dissesse neste sentido, consta de lei. Basta o apego à legalidade (SILVA, op. cit., p. 386).

Bases e perspectivas da reforma política brasileira | 149

deixar-se em mãos do Poder Executivo[134] a chefia das forças armadas, como forma de salvaguardar a soberania estatal. Como decorrência deste modelo, veda-se o uso de milícias pelos partidos políticos para que não se ponha em risco a permanência do regime democrático, sendo fácil constatar, *a contrario senso*, que se fosse permitido a cada partido contar com uma organização paramilitar, as disputas eleitorais não tardariam em se converter em revoltas armadas que tributariam êxito àquele que contasse com maior poderio, quiçá suficiente para de pronto operar a tomada do poder. A vedação contida no §4º do art. 17 da CF deve ser entendida como instrumento de conservação do próprio Estado Democrático, na medida em que proíbe a transformação de um dos elementos fundamentais à democracia representativa (o partido) em seu maior algoz.

c) Diretrizes de organização interna: consagrada a autonomia partidária, de antemão veda-se ao Estado qualquer tentativa de direcionar, ao sabor de sua conveniência, o funcionamento dos partidos políticos. Daí por que, quando o §1º do artigo 17 da CF trata da organização interna dos partidos, limita-se a traçar diretrizes, é dizer: fixa temas que necessariamente deverão ser abordados pelo regramento interno do partido, sem dizer, contudo, como deverão ser abordados. As diretrizes dizem apenas *o que* deve ser regrado, mas não *como* deve sê-lo. A forma de abordagem é remetida à opção dos integrantes do partido. Dentre estas diretrizes contam-se:

c.1.) A organização democrática: tal imposição parte do princípio de que a existência de partidos políticos é fundamental para a caracterização da democracia representativa. Nesta linha, não há lógica que fundamente o fato de os partidos políticos poderem se

---

[134] Na Inglaterra, em mãos do Monarca, responsável pela chefia de Estado.

converter em nichos de exceção à própria democracia, sendo ditatoriais ou autocráticos num Estado Democrático. Se o Estado é democrático, o partido não poderá contradizê-lo em sua organização interna.[135] A democracia somente é possível a partir da manutenção de elementos democráticos.

c.2.) Disciplina partidária: por força do que consta do §1º do art. 17 da CF, os estatutos dos partidos obrigatoriamente deverão abordar os temas de disciplina e da fidelidade partidária, remetendo, em homenagem à consagrada autonomia, o modo de regulamentação destes temas à opção de cada partido.

O controle da existência de previsão da regulamentação destes temas será realizado pelo Tribunal Superior Eleitoral quando do registro dos estatutos do partido.

O controle disciplinar poderá ser exercido pelo partido sobre o comportamento de todos os seus filiados, na medida em que se lhe dá a prerrogativa de apurar atos ilícitos ou configuradores de transgressões estatutárias, aplicando a penalidade prevista. Em síntese, o poder disciplinar é o poder de apurar irregularidades e de aplicar a punição cabível.

f) Fidelidade partidária: abrangido pela prerrogativa disciplinar está o tema de fidelidade partidária, que, segundo José Afonso da Silva,[136] pode ser qualificado como "o ato indisciplinar mais sério" na medida em que "se manifesta de dois modos: (a) oposição, por atitude ou pelo voto, a diretrizes legitimamente estabelecidas pelo partido; (b) apoio ostensivo ou disfarçado a candidatos de outras agremiações". Nestes parâmetros, o ato de infidelidade é um ato de traição que deverá ser exemplarmente punido nos moldes estatutários, com penas de graduação variável

---

[135] Como ressalta Washington Salvo, "en efecto, históricamente y en la actualidad han sabido desarrollar un consenso y adhesión a ciertos valores sociales básicos en torno a la democracia. Entre éstas y los Partidos políticos ha existido y existe una relación de recíproca alimentación" (SALVO, Washington. Democratización interna de los partidos políticos. *Revista Paraná Eleitoral*, Curitiba, n. 37, p. 89, 1994).

[136] SILVA, op. cit., p. 386.

Bases e perspectivas da reforma política brasileira | 151

consoante a gravidade das conseqüências da infidelidade, que poderão ir da simples advertência até a exclusão dos quadros do partido, sendo vedada a perda do mandato fora dos casos estritamente previstos pelo artigo art. 55 da CF, a cassação de direitos políticos, só admitida sua perda ou suspensão nos estritos casos indicados no mesmo artigo.[137] Considerou o Tribunal Superior Eleitoral que, mesmo nos casos em que a previsão do estatuto partidário sobre fidelidade partidária contrarie disposições da LOPP, prevalece a disposição estatutária, em nome da autonomia do partido, nesse sentido, tutelada constitucionalmente.[138]

A fidelidade partidária impõe ao partido, como um todo, a obrigação de, quando no governo, buscar a implantação de sua doutrina. Estabelece sua obrigação de meio, pois deve esforçar-se por fazê-lo em concerto com as doutrinas dos demais partidos representados no governo e no Parlamento. O bi ou multipartidarismo pede este arranjo, não sendo real a hipótese de o partido governamental conseguir impor permanentemente a sua doutrina, mormente no sistema presidencialista de governo.

2.7.2 O controle dos partidos políticos no Brasil

Segundo explana José Afonso da Silva, a história dos partidos políticos no Brasil já percorreu todas essas formas de controle.[139]

Inspirados nos sopros das doutrinas liberais europeias, os partidos imperiais desconheciam a intervenção estatal, atuando apenas como instrumentos de expressão dos interesses de oligarquias regionais.

---

[137] COMPARATO, Maria Lúcia F. Fidelidade partidária. *Revista de Direito Público*, São Paulo, n. 96, p. 283, out./dez. 1990.

[138] Neste sentido a decisão do Tribunal Superior Eleitoral que foi assim ementada: "Eleitoral. Partido político. Pena disciplinar. Estatuto: omissão. Sendo omisso o Estatuto do Partido quanto às normas disciplinares, aplicam-se as da LOPP. Se previstas no Estatuto e conflitantes com as da referida lei, prevalecem as normas estatutárias, face ao princípio da autonomia partidária (CF, art. 17, §1º)" (Tribunal Superior Eleitoral. Resolução nº 14.247-DF, 26.04.94. Relator: Ministro Carlos Velloso. *Diário de Justiça da União*, 08.06.94, p. 14531).

[139] SILVA, op. cit., p. 387.

152 | Fernando Gustavo Knoerr

Ainda na mesma tendência liberal seguiu o regime da Constituição de 1891, que também os ignorou.

É, contudo, com a Constituição de 1934 que os partidos políticos, pela primeira vez na história do Brasil, passam a ter reconhecimento, ainda que indiretamente referidos no teor do artigo 170, n° 9.

Como sói ocorrer na experiência jurídica brasileira, antes de a Constituição os prever, a legislação infraconstitucional já fora além, regulamentando-os, ainda que de forma tênue, no Código Eleitoral de 1932 (Decreto n° 21.076, de 24.02.32 arts. 99 e 100).

Com a rápida chegada ao Brasil, — em que as construções alienígenas, lá decantadas ao longo de vários anos e de uma penosa história, sucedem-se numa rapidez impressionante — do modelo de Estado Social, inaugurado pela Constituição da República de Weimar de 1919, e com a conseqüente valorização do papel dos partidos políticos, como já explanado, a partir da afirmação deste modelo, a Constituição de 1946 começa a se aprofundar em sua regulamentação (é a primeira a tratar dos partidos políticos em *status* constitucional) referindo-se aos partidos nacionais, para lhes dar representação proporcional nas comissões parlamentares (art. 40, parágrafo único), bem como para vedar, no art. 141, §13, a organização, o registro ou o funcionamento de qualquer partido político ou associação cujo programa ou ação contrariasse o regime democrático, baseado na pluralidade dos partidos e na garantia dos direitos fundamentais do homem.

Com o agigantamento do modelo e da estrutura brasileira de Estado Social a partir da ditadura militar, adensou-se a regulamentação constitucional dos partidos políticos, numa característica que, diga-se de passagem, é também bastante apropriada a uma ditadura. Este traço se encontra em capítulo especial na CF de 1967, em tradição repetida na EC n° 01/69.[140]

---

[140] A Emenda Constitucional n° 01, editada a seguir, a 17 de outubro de 1969, pela Junta Militar, incorporou esses dispositivos ao art. 152 da Constituição, explicitando no parágrafo único o princípio da fidelidade partidária, vazada nos seguintes termos: "Perderá o mandato no Senado Federal, na Câmara dos Deputados, nas Assembléias Legislativas e nas Câmaras Municipais quem, por atitudes ou pelo voto, se opuser ás diretrizes legitimamente estabelecidas pelos órgãos de direção partidária ou deixar o partido sob cuja legenda foi eleito. A perda do mandato será decretada pela Justiça Eleitoral, mediante representação do partido, assegurado o direito de ampla defesa".

A título de controle preventivo de legalidade, o artigo 17, §2º, da CF de 1988 subordinou a criação do partido político (requisito de existência, portanto) ao registro de seus estatutos também no Tribunal Superior Eleitoral, ao qual incumbirá o encargo de exercer um poder de polícia administrativa sobre aspectos do estatuto concernentes à "fidelidade e disciplina partidárias, ao processo para apuração das infrações e aplicação das penalidades, assegurado amplo direito de defesa" (art. 15, V, da LOPP), assim como "procedimento de reforma do programa e do estatuto".

Na previsão do controle repressivo de legalidade, a CF de 1988 adotou a orientação geral da Lei Fundamental de Bonn de 1949, tratando de consagrar, já na abertura do capítulo (art. 17), o princípio da autonomia partidária, ao prever como "livre a criação, fusão, incorporação e extinção dos partidos políticos, resguardados a soberania nacional, o regime democrático, o pluripartidarismo, os direitos fundamentais da pessoa humana e observados os seguintes preceitos: I – caráter nacional; II – proibição de recebimento de recursos financeiros de entidades ou governo estrangeiros ou e subordinação a estes; III – prestação de contas à Justiça Eleitoral; IV – funcionamento parlamentar de acordo com a lei".

É notório o empenho do constituinte de 1988 em emprestar fundamental relevo à autonomia partidária, mormente se comparada com o regime constitucional anterior. Outorgou maior amplitude à competência normativa interna dos partidos políticos, sendo certo, como bem comenta Celso Ribeiro Bastos, "que dita liberdade não é absolutamente incondicionada. Pelo contrário, o Texto Constitucional fixa princípios e cria deveres e incidência obrigatória sobre os partidos políticos. No entanto, fica nítida a maior autonomia dos partidos em dois pontos fundamentais: a ausência, na constituição, de requisitos mínimos a serem satisfeitos, como acontecia no Texto anterior, que fixava cotas mínimas de eleitores a serem obtidas em diversas unidades da Federação; e b) temas como a estrutura, organização e funcionamento dos partidos políticos, que antes eram entregues à lei ordinária, hoje são deferidos aos próprios partidos políticos que, nos seus estatutos, disporão sobre tais matérias".[141]

---

[141] BASTOS, Celso Ribeiro; MARTINS, Ives Gandra. *Comentários à Constituição do Brasil*. São Paulo: Saraiva, 1988/89. p. 601.

A Constituição de 1967 (art. 149) e, especialmente, a Emenda Constitucional nº 01, de 1969 (art. 152), foram maximalistas na institucionalização dos partidos. Trataram de restringir a sua criação e funcionamento, prevendo cláusula de exclusão e impedindo expressamente o surgimento de partidos de tendência marxista. Com a abertura democrática, a Constituição de 1988 tratou de recrudescer a regulamentação partidária, reconhecendo aos partidos políticos, no contraponto, maior autonomia. É certo que não retomou a concepção minimalista liberal, mas permitiu a ampla criação, organização e funcionamento de partidos políticos, sem cláusula de barreira, mantendo um controle financeiro e ideológico-programático, para utilizar a classificação antes exposta.

Nada impede, contudo, que outras formas de controle quantitativo venham a ser criadas na medida em que a própria Constituição preceitua o "funcionamento parlamentar de acordo com a lei", sendo claro que a instituição de uma cláusula de barreira, embora seja condicionante da criação de partidos, também o é de sua manutenção, já que permitiria a extinção de partidos que não atinjam no pleito eleitoral o percentual exigido.

A par do controle quantitativo há ainda o qualitativo e o financeiro.

Controle qualitativo (controle ideológico): é expressamente consignado na Constituição, em função do regime democrático. Os princípios que cabem aos partidos resguardar, regime democrático, pluripartidarismo e direitos fundamentais da pessoa humana, constituem, como vimos, condicionamentos à liberdade partidária. Funcionam, por isso, como forma de controle ideológico, controle qualitativo, de tal sorte que será ilegítimo um partido que, porventura, pleiteie um sistema de unipartidarismo ou um regime de governo que não se fundamente no princípio de que o poder emana do povo, que o exerce por seus representantes ou diretamente, base da democracia adotada pela Constituição, ou que sustente um monismo político em vez do pluralismo, que é um dos fundamentos da República Federativa do Brasil.

O controle qualitativo policia ainda a observância da vedação, pelos partidos políticos, de criação de organização paramilitar, autorizando a repelir partidos fascistas, nazistas ou integralistas da espécie dos que vigoraram na Itália de Mussolini e na Alemanha de Hitler e no Brasil de Plínio Salgado. Controle financeiro: que também está estabelecido no art. 17, II e III, da CF. O primeiro proíbe o recebimento pelos partidos de recursos financeiros de entidade ou governo estrangeiros ou de subordinação a estes; por certo que aí temos um preceito que constitui um desdobramento do dever de prestar contas de sua administração financeira à Justiça Eleitoral. Em compensação, prevê-se no art. 17, §3º, que têm eles direito a recursos do fundo partidário, que a lei já regula (Lei nº 4.740/65, arts. 95 a 109).

O controle financeiro impõe limites à apropriação dos recursos financeiros dos partidos, que só podem buscá-los em fontes estritamente indicadas, sujeitando-se à fiscalização do Poder Público.

2.7.3 O estatuto dos partidos políticos

Evidenciou-se nas classificações expostas que, a par do controle externo do partido, pautado na normatização constitucional e infraconstitucional, há também um controle interno, que se lastreia em regras autonomamente concebidas pelo partido em seus estatutos.

É de se perceber, nessa linha, que o estatuto partidário — e este é o real sentido de autonomia — deve-se amoldar às premissas do controle externo, regulamentando-as em nível interno, para esclarecer-lhes o sentido, dando-lhes condições de pronta aplicação, sempre restrita ao âmbito do próprio partido.

Pode-se deste modo concluir que o estatuto partidário, quando regulamenta a normatização geral, acresce-lhe detalhes de interesse do partido, sem restringi-la ou deturpá-la.

O estatuto, em síntese, é um instrumento de autorregulamentação do partido, e, portanto, de afirmação da autonomia partidária diante de ingerências externas, já que estas apenas poderão ocorrer nos estritos — porque excepcionais à autonomia partidária — moldes da legalidade.

Nesta medida, não se limita apenas a gizar as normas a serem observadas na disciplina intrapartidária, mas também a definir

156 | Fernando Gustavo Knoerr

a ideologia perfilada, diretrizes gerais de seus planos de ação, estrutura orgânica, as fontes e formas de financiamento, a normatizar a relação entre dirigentes, integrantes de bancada, militantes, adeptos e simpatizantes.

Tais temas devem ser obrigatoriamente tratados para que o estatuto cumpra de fato a função a que se propõe, sendo claro que não se limita a ser um conjunto de regras que disciplina tão somente a atuação partidária, pois é também o documento fundante do partido.

O estatuto é o princípio[142] do partido.

Não é por outra razão que a maior garantia da autonomia de um partido político reside na sede constitucional da previsão dos tópicos a serem abordados em seus estatutos, sem, contudo, direcionar a abordagem, como ocorre na Constituição brasileira, quando o artigo, ao tratar da disciplina intrapartidária, se limita a impor o tracejamento de "diretrizes".

2.7.4 A deontologia da ideologia partidária

Admitido, a partir da construção histórica do instituto, que os partidos políticos têm por função organizar a vontade popular, dando-lhe forma e buscando efetivá-la através do alcance do exercício do poder político por seus integrantes, deve-se aceitar igualmente que tal função matriz, destacada em relação a todas as demais,[143] será cumprida conforme um programa de governo previamente definido, à luz das diretrizes ideológicas do partido.

As democracias contemporâneas se estruturam em torno de um *Parteeinstat*, por força da constatação de que os partidos,

---

[142] Utiliza-se aqui o termo princípio no sentido em que o consagrou a Escola de Mileto, do período da filosofia grega pré-socrática: como o elemento de criação e de manutenção. A um só tempo o princípio gera e sustenta.

[143] Como ressalta José Afonso da Silva, "as normas constitucionais e legais vigentes permitem-nos verificar que a função dos partidos brasileiros consiste em assegurar, resguardados a soberania nacional, o regime democrático e o pluripartidarismo, a autenticidade do sistema representativo e defender os direitos fundamentais da pessoa humana (Constituição, art. 17, e LOPP, art. 2º). A função deles vai além, pois existem para propagar determinada concepção de Estado, de sociedade e de governo, que intentam consubstanciar pela execução de um programa". SILVA, op. cit., p. 382.

seja nos sistemas parlamentaristas, seja nos presidencialistas, são peças essenciais ao governo dos Estados contemporâneos, levando o fenômeno partidário a permear todas as instituições político-governamentais: como o princípio da separação de poderes, o sistema eleitoral, a técnica de representação política, a formação das maiorias parlamentares, etc.

Nesta medida fundamental, os partidos contribuem para estruturar o Estado e o governo segundo os valores que elegem como fundamentais, orientando seus integrantes no intuito de torná-los reais.

O partido tem por função dar forma à vontade popular segundo suas diretrizes, sua plataforma de governo, o que os torna titulares dos objetivos a serem perseguidos na atuação do Estado a ponto de se poder concluir que um Estado sem partidos não seria apenas um Estado não-democrático, mas seria antes de tudo um Estado sem rumo, sem norte.

O programa de governo deve conter em potência o que será o partido em ato, quando lograr alcançar seu objetivo maior: a conquista do poder.

Tal concepção, sobremaneira idealizada, seja pela construção doutrinária em geral, seja ainda mais pela previsão normativa, esbarra, contudo, no que Norberto Bobbio refere como uma prolongada crise da democracia, consistente no fato de que "em vez de subordinarem os interesses partidários e pessoais aos interesses gerais, grandes e pequenos partidos disputam para ver quem consegue desfrutar com maior astúcia todas as oportunidades para ampliar a própria esfera de poder. Em vez de assumirem a responsabilidade de seus comportamentos mais clamorosos e criticáveis, empregam toda a habilidade dialética para demonstrar que a responsabilidade é do adversário, a tal ponto que o país vai se arruinando e ninguém é responsável. E em vez de se tornarem menos intolerantes uns para com os outros, tornaram-se, bem ao contrário, cada vez mais briguentos".[144]

---

[144] BOBBIO. *As ideologias...*, op. cit., p.193-194.

Sendo impossível reconhecer a realidade das ressalvas feitas por David Hume, reproduzidas linhas atrás, no sentido de que a tendencial busca da satisfação de interesses pessoais leva os partidos a tornarem-se facções, tem-se cada vez mais claro que nesta exacerbação do elemento egoístico que também alimenta a atividade partidária os partidos lutam unicamente para concorrer com outra facção, buscando granjear uma parcela cada vez maior do exercício do poder, nem que para isso tenham que aproximar o Estado da ruína. "Tanto mais grave, por isso", acentua Norberto Bobbio, "parece a crise atual, na qual os únicos que não se dão conta (ou fingem não entender) são exatamente aqueles que deveriam oferecer o remédio. Seu jogo de poder, em primeiro lugar. A única coisa que conta é conquistar mais um miligrama de poder ou não perder o miligrama já conquistado. Para que serve esse miligrama de poder, para mais ou para menos, ninguém deve saber. 'Não se deve fazer saber ao cidadão' — este poderia ser o mote em que se baseiam — 'para que serve a luta pelo poder'. O problema fundamental parece ser 'quem deve ter o poder' e 'com quem deve estar o poder', não o 'usá-lo para obter certos resultados e não outros'. Se se dessem conta, pelo menos, de que o público está de olhos voltados para eles, na melhor das hipóteses, olhando-os com indiferença, mas, segundo uma hipótese mais realista, com crescente apreensão!"[145]

Esta tendência, que já fora assinalada no seio do modelo de Estado Liberal — sendo já distante a época em que os partidos podiam ser definidos como meros grupamentos de parlamentares —, ganhara contornos ainda mais fortes na efetivação do modelo social, seja pelo propiciamento da profissionalização da política, seja também pelas variegadas funções que passaram a ser desempenhadas pelos partidos, erigidos em peças fundamentais não apenas da realização de um modelo político (a democracia representativa), mas como engrenagens que suportam a permanência, em funcionamento, do próprio Estado. Como ressalta Norberto Bobbio, os partidos "desempenham funções importantíssimas no campo da formação

---

[145] BOBBIO. *As ideologias...*, op. cit., p. 194.

da opinião pública, na seleção de candidatos, no papel de crítica ao governo estabelecido ou na defesa de posições governamentais, na formação de lideranças, assumindo, no final, um papel de conduto de comunicação entre governo e povo, nos dois sentidos. Com essas múltiplas funções os partidos assumem as feições de peças estruturais e institucionais do Estado".[146]

O partido assume, contudo, especial relevo na contemporaneidade, pois a superação do Estado Social por um modelo político-administrativo que busca a redução da estrutura estatal, com diminuição de sua participação econômica, mas não de sua responsabilidade social, através da abertura de parcerias com o capital privado (fortemente o internacional), tem feito com que o faccionismo, antes apenas tratado como um dos sintomas da crise da democracia, agora deva ser concebido como a causa da própria crise, que tem levado à ruína a governabilidade e a soberania, mormente nos Estados periféricos.

Neste contexto, é fundamental dar-se ao partido (ou ao povo, no intuito de controlá-lo) condições de constituírem-se em focos de resistência à apropriação do interesse nacional pelo capital internacional. Os partidos, galvanizadores que devem ser do interesse geral — pondo-se em evidência a necessidade de preservação do mandato livre —, devem impedir o assalto à soberania nacional, pois é fato que "as verdadeiras democracias pluralistas souberam combinar o que chamamos de Estado de Partido misto ou parcial com o mandato livre, no qual se proíbe que o eleito receba instrução do eleitorado porque deve obediência apenas à sua consciência".[147]

Este papel, contudo, somente poderá ser cumprido se continuar preservada a liberdade no exercício do mandato — sem ameaça de cassação por descumprimento da diretriz partidária. Caso contrário, a facilitação do caudilhismo permitirá a formulação da doutrina partidária, com alto poder vinculante, em benefício de interesses estranhos aos nacionais.

---

[146] BOBBIO. *As ideologias...*, op. cit., p. 195.
[147] SAMPAIO, Nelson de Souza. Perda de mandato por infidelidade partidária? *Revista de Informação Legislativa*, Brasília, v. 19, n. 76, p. 147, out./dez. 1982.

É de se ver, portanto, que o problema assim posto somente pode ser tratado à luz do contexto próprio de cada Estado. Abre-se uma distância abissal entre a realidade do velho continente e a latino-americana neste particular, que leva a buscar a solução desta crise através do resgate da autenticidade de cada povo na prática política.

Insta questionar até mesmo se há de fato uma crise, pois, as crises por definição são provisórias (perduram enquanto existirem suas causas). Esta, no entanto, surgiu desde que foi concebida na modernidade a democracia representativa, parecendo ser, muito antes de uma crise, uma característica própria desta.

Partidos políticos são associações tendencialmente oligárquicas, em maior ou menor escala, havendo uma inegável tendência de concentração de poder na mão de um ou de alguns dirigentes, a ser exercido em benefício próprio de todo o partido ou no proveito pessoal de um ou de uns poucos, de seus integrantes. Neste particular constata Daniel-Louis Seiler que "Um velho partido vai perdendo a rigidez de princípios, forçado pela experiência do poder a amoldar-se aos imperativos do interesse geral e a ter em conta a lição dos tempos. Por outro lado, o idealismo da juventude dos seus corifeus cede lugar ao pragmatismo da idade madura e muito mais do que a adesão a certo programa vale então a fidelidade a um grupo de amigos. Os grandes partidos dos países democráticos vão-se esbatendo as suas diferenças doutrinárias para se converterem em clubes onde as simpatias tradicionais e as solidariedades pessoais prevalecem sobre a crença na bondade dos princípios".[148]

Claro é que esta crise tem levado a um sério problema de governabilidade, pois formar um governo não se limita a nomear um gabinete, um conjunto de ministros, auxiliares de confiança, para que juntos exerçam o poder à luz das contingências e até mesmo das conveniências pessoais. Trata-se, sim, de cultivar uma forma de exercer o poder que conquiste a confiança da maioria dos governados (para usar a ideia central do conceito de legitimidade).

---

[148] SEILER, op. cit., p. 144.

Buscando responder à pergunta de Jean-Pierre Camby,[149] trata-se de dar aos governados uma certa previsibilidade do que os governantes farão com o exercício do poder em mãos, o que somente será possível se, antes de chegar ao governo, encontrarem-se claramente delineadas suas diretrizes partidárias — inafastavelmente concebidas segundo uma ideologia dominante no partido —, acompanhadas, como garantia, de instrumentos de controle da observância destas diretrizes, que somente será efetivo se somado à possibilidade de aplicação de sanção aos que delas desbordarem, transgredindo-as.

Esta previsibilidade, contudo, não pode pretender justificar o tolhimento da liberdade no exercício do mandato.

Resgatando o que já se expôs, pode-se dizer que ao longo da história, a teorização sobre a representação política na modernidade pôde contentar-se com a bipartição mandato livre/mandato imperativo.

Contudo, a diversificação de interesses, surgida da pulverização, em escala cada vez mais larga, das classes sociais (e, de conseqüência, dos interesses de classe), conduziu não apenas à insuficiência, mas ao completo esvaziamento da importância desta classificação na medida em que não há mais como se trabalhar, a não ser num nível teórico bastante distanciado da realidade, com um conceito fechado de "opinião pública", "vontade do eleitorado" ou "interesse da nação", não sendo sequer possível acalentar a expectativa objetiva de que se possa dar a cargo de alguém, algum eleito, o dever de atender fielmente todos os anseios do eleitorado, mesmo porque, como observa Maurice Duverger, algumas destas pretensões idealizadas do eleitorado não podem sequer ser aplicadas, pois a opinião em si não é "*saisissable*".[150]

---

[149] "Et si la démocratie représentative postule le libre choix des représentants par l'électeur, comment conditionner l'éventail des candidatures en les subordonnant à une appartenance partisane, et comment alors réglementer l'activité partisane en l'enfermant dans un cadre juridique, si souple soit-il?" (CAMBY, Jean Pierre. L'article 4 de la Constitution: d'une reconnaissance de la liberté das partis politiques à des exigences de droit. *Revue du Droit Public*, Paris, p. 322, mar./abr. 1998).

[150] DUVERGER. *Institutions...*,op. cit., p. 84.

Nesse mesmo sentido observa James Madison que "é somente o bom-senso do público que deve regular e controlar o governo. As paixões serão controladas e reguladas pelo governo".[151]

Trata-se, hodiernamente, de considerar o nível de correspondência do desempenho do mandato eletivo por seus titulares, policiados pelos partidos e pelo próprio Parlamento, com as pretensões de toda a população.

Sendo inegável que esta correspondência somente pode ser aferida num patamar necessariamente genérico, com risco constante de seu completo esvaziamento, tem sido cada vez mais comum buscar-se sua objetivação em padrões de moralidade (e de fidelidade), gradativamente encampados pelo fenômeno jurídico.

Afinal, se não há como objetivamente apontar qual é de fato a vontade do eleitorado, há como dizer-se que a este repugnará qualquer atitude do eleito que possa ser definida como infiel ou imoral.

---

[151] MADISON et al, op. cit., p. 410.

Capítulo 3

Partitocracia e reforma partidária brasileira

Sumário: **3.1** Instrumentos da partitocracia - **3.1.1** O voto obrigatório - **3.1.2** Distribuição de cargos na Administração Pública - **3.2** Financiamento público dos partidos - **3.3** Cláusula de exclusão ou de barreira - **3.4** A breve vida da verticalização - **3.5** Fidelidade partidária - **3.5.1** A fidelidade no exercício do mandato: o controle concomitante da moralidade - **3.5.2** Democracia, autonomia e fidelidade partidárias no Brasil - **3.5.3** A fidelidade partidária sem mandato imperativo

3.1 Instrumentos da partitocracia

3.1.1 O voto obrigatório

Embora haja discordância de muitos,[1] a obrigatoriedade do voto é um dos mais eficazes instrumentos de sustentação e fortalecimento da partitocracia, pois, não obstante se possa sustentar que se o voto não fosse obrigatório a proporção dos dados aos partidos e aos candidatos seria a mesma, é de se aceitar que, em

---

[1] "Embora muitas vezes evocado no contexto italiano, o voto obrigatório é um instrumento débil (não existindo sanções) nas mãos da Partitocracia. É indubitável que a alta percentagem de votantes e a sua estabilidade no tempo podem construir, aos olhos dos dirigentes de partido, uma prova de que o sistema partidário não perde legitimidade. Mas, sendo assim, o recente crescimento do abstencionismo, mesmo na Itália, há de ser avaliado como princípio de não-legitimação da Partitocracia, em situações claramente definidas e com sinais bastante específicos (*referendum*, eleições regionais, etc.)" (BOBBIO et al. *Dicionário...*, op. cit., p. 906).

sendo obrigatório, grande parte da sociedade civil, principalmente a que somente vota para não sofrer as sanções legais decorrentes da abstenção, não manifestaria sua vontade. E neste particular não haveria apenas uma diferença quantitativa, e sim qualitativa, pois o voto destes mais distanciados da participação política, e de regra menos informados, é motivado pelos apelos da propaganda de campanha, que nem sempre expressa a real condição do partido/candidato. É, em síntese, um voto que, dado sem vontade, encontra-se à disposição da manipulação publicitária, já que proferido por quem não se dedicou com perfunctoriedade na formação da vontade que manifesta.

Deste modo, os partidos que tiverem melhores condições de apresentar uma boa propaganda, e boa propaganda é a que consegue ser mais convincente, receberão mais votos, e serão cada vez mais fortalecidos.

Em projeção, o voto obrigatório pode ser apontado como uma das causas da configuração do cenário político a partir de poucos, mas grandes, partidos.

No Brasil, há propostas de emenda à Constituição voltadas à introdução do voto facultativo.

3.1.2 Distribuição de cargos na Administração Pública

Embora recorrentemente tratada pela doutrina como um dos instrumentos da partitocracia, a distribuição de cargos da estrutura burocrática estatal pautada na adesão ao partido é muito mais uma característica desta. A par de ser, evidentemente, um instrumento de reforço do poderio partidário, na medida em que a adesão a seus quadros pode ser utilizada como condicionante para a nomeação a um cargo público, é de se ver também que a imposição da prévia filiação partidária soa como requisito de coerência das diretrizes governamentais que, antes, foram fixadas em nível partidário. Não se pode olvidar que nas propostas de campanha encontram-se já delineadas as diretrizes governamentais que deverão ser postas em práticas no caso de êxito eleitoral. Nessa linha, a exigência de prévia filiação, mormente quando reforçada pela exigência de fidelidade partidária, soa como instrumento de preservação da coerência, até mesmo ideológica, no exercício do poder. Não é sem sentido que Anna Oppo assinala que a exigência de filiação para distribuição de cargos na estrutura burocrática do Estado reforça-se na mesma proporção em que se agiganta o modelo de Estado Social, levando a Administração Pública a ser cada vez mais intervencionista e fomentadora.[2]

Neste sentido, "é importante sublinhar que são duas as variáveis que influem para que este instrumento seja mais ou menos eficaz. Antes de mais nada, quanto mais vasto for o âmbito de intervenção do Estado nos setores social e econômico, tanto mais numerosas serão as posições disponíveis para os partidos (e quanto mais débeis forem as instituições, tanto mais fácil será para os partidos intervir e colonizá-las). Por isso, um Estado intervencionista e instituições débeis, como, por exemplo, um aparelho burocrático mantido à mercê do Governo, são um terreno favorável à Partitocracia e às suas atividades de expansão e fortalecimento".[3]

Porém, a ascensão da tecnocracia tem feito sobrepujar, em nome da valorização da competência e do profissionalismo, a exigência de prévia filiação, tornando-se cada vez mais comum a aceitação de nomeações que não adotem por critério a filiação partidária, mormente para cargos em que o conhecimento técnico seja imprescindível. Portanto, não sendo mais tão comum que a filiação partidária sobrepuje o valor da apurada formação técnica, como requisito para a ocupação de cargos públicos, salta em evidência que é "o grau de combinação entre ambas as coisas que determina a existência de uma Partitocracia voraz e ramificada".[4]

Outro elemento de fortalecimento da partitocracia, presente em várias democracias ocidentais, a exemplo da brasileira, é a vedação legal a candidaturas independentes.

---

[2] BOBBIO et al. *Dicionário*..., op. cit., p. 907. Frise-se que o uso desta terminologia apega-se à doutrina administrativista que, a exemplo de Maria Sylvia Zanella Di Pietro, separa as funções da Administração Pública em serviços públicos, poder de polícia, intervenção e fomento (DI PIETRO, Maria Sylvia. *Direito administrativo*. 10. ed. São Paulo: Atlas, 1999. p. 54).

[3] BOBBIO et al. *Dicionário*..., op. cit., p. 907.

[4] BOBBIO et al. *Dicionário*..., op. cit., p. 907.

166 | Fernando Gustavo Knoerr

A estes motivos, deve-se ainda acrescentar como causa da decadência dos partidos de quadros o papel dos meios de comunicação, que diluiu a influência local dos partidos, tornando mais sofisticada e mais custosa a propaganda partidária. Como assinala Marcelo Caetano, "hoje em dia, com os novos meios de comunicação e de técnica de propaganda, a política local perdeu muito da sua influência nos partidos, avultando nestes a preponderância dos problemas nacionais e internacionais. Daí, e do facto de ser muito cara a ação partidária nas eleições e na informação, o declínio dos pequenos partidos forçados, para subsistir, a viver como satélites de algum dos grandes".[5]

3.2 Financiamento público dos partidos

É comum alinhar-se no mesmo grau de importância para a sustentação da partitocracia o financiamento público dos partidos. Este reforço à partitocracia é encontrado em grau máximo nas hipóteses em que os recursos são carreados diretamente aos cofres do partido, sem que este tenha de destiná-los a atividades específicas, como propaganda, campanhas de interesse público. Há, em síntese, plena liberdade do partido no uso destes recursos. Sem o controle rigoroso do destino destas quantias, o financiamento público acaba por servir ao fortalecimento da estrutura burocrática partidária, mormente de seus dirigentes, reforçando não apenas a partitocracia, mas o caudilhismo. "O sustentáculo financeiro do Estado aos partidos reduz consideravelmente o risco de derrapagem; resta, é claro, o problema do enriquecimento pessoal."[6]

3.3 Cláusula de exclusão ou de barreira

Se o maior problema do sistema majoritário, como aponta Giovanni Sartori,[7] encontra-se na possibilidade de manipulação,

---

[5] CAETANO, op. cit., p. 381.
[6] SEILER, op. cit., p. 27.
[7] SARTORI. *Engenharia...*, op. cit., p. 23-34.

o defeito mais comum dos sistemas proporcionais encontra-se na proliferação de partidos, cuja solução tem sido buscada na atribuição de pesos distintos aos votos dados ao partido e aos votos dados ao candidato (sistema imperfeitamente proporcional, como o apelida Giovanni Sartori) ou no estabelecimento de limites mínimos para o número de votos atribuídos ao partido, a chamada *Sperrklausel* (cláusula de barreira) da experiência alemã.

Na Alemanha, o limite foi fixado originalmente em 5%, sendo adotado por outros países parâmetros variáveis, que vão desde 1% em Israel (aumentado em 1992 para 1,5%), passando por 4% na Espanha, 3% na Argentina e até 10%, nas eleições de 1983 e 1991 da Turquia ou acima de 15% como interpoladamente a utilizou a Grécia, no uso da chamada "proporcionalidade reforçada".

No Brasil, a Carta de 1967, além de proibir coligações partidárias (art. 149, VIII), exigia, para que pudesse existir partido político, o apoio de "dez por cento do eleitorado que haja votado na última eleição geral para a Câmara dos Deputados, distribuídos em dois terços dos Estados, com o mínimo de sete por cento em cada um deles, bem assim dez por cento de deputados em pelo menos um terço dos Estados, e dez por cento de senadores" (art. 149, VII).

Essas marcas foram reduzidas pela Emenda Constitucional nº 01/69, para "cinco por cento do eleitorado que haja votado na última eleição geral para a Câmara dos Deputados, distribuídos em pelo menos sete Estados, com o mínimo de sete por cento em cada um deles" (art. 152, VII). A Emenda nº 11, de 1978, as diminuiu para "5% do eleitorado que haja votado na última eleição geral para a Câmara dos Deputados, distribuídos, pelo menos, por nove Estados, com mínimo de 3% em cada um deles".

Em nível infraconstitucional, o Decreto-Lei nº 8.835, de 24.01.1946, art. 5º, com o Código Eleitoral de 1950 (Lei nº 1.164, de 24.07.1950) — cujo art. 148, em seu parágrafo único, mandava cancelar o registro de partido que não conseguisse eleger ao menos um representante para o Congresso Nacional, ou que não obtivesse ao menos 50 mil votos — e também com a "Emenda Constitucional" nº 11/85, que vedou representação ao partido com votação inferior a 5% do eleitorado, distribuído, pelo menos, por nove Estados, com o mínimo de 3% em cada um deles.

A CF de 1988 não previu cláusula de exclusão,[8] e tampouco a Lei Orgânica dos Partidos Políticos (Lei nº 9.096, de 19 de setembro de 1995), que se limita a gizar no artigo 13 as condições de funcionamento parlamentar do partido.[9]

A priori, não há como dizer-se se a cláusula de exclusão será mais ou menos eficaz em função tão somente do percentual em que foi fixada. Outros fatores devem ser considerados, tais como os atinentes aos índices de abstenção e à obrigatoriedade do voto, pois, em países em que estes índices sejam baixos e o

---

[8] E nem a admite, segundo dicção do Supremo Tribunal Federal, em decisão assim ementada: "Partidos políticos. Indicação de candidatos. Pressupostos. Inconstitucionalidade. Exsurgem conflitantes com a Constituição Federal os preceitos dos parágrafos 1º e 2º do artigo 5º da Lei n. 8713/93, no que vincularam a indicação de candidatos a presidente e vice-presidente da República, Governador, Vice-Governador e Senador a certo desempenho do partido no pleito que a antecedeu e, portanto, dados fáticos conhecidos. A Carta de 1988 não repetiu a restrição contida no artigo 152 da pretérita, reconhecendo, assim, a representação dos diversos segmentos sociais, inclusive os que se formam dentre as minorias" (Supremo Tribunal Federal. ADIN nº 958-RJ. Relator: Ministro Marco Aurélio. Julgamento: 11.05.94. Tribunal Pleno. *Diário de Justiça da União* 25.08.95, p. 26021, Ementário v. 01797-01, p. 00077).

[9] O entendimento esposado pelo STF segue no sentido de afirmar a constitucionalidade deste dispositivo, como assentado na decisão assim ementada: "Medida cautelar em ação direta de inconstitucionalidade. Suspeição de Ministro da Corte: descabimento. Partidos políticos. Lei n. 9096, de 19 de novembro de 1995. Argüição de inconstitucionalidade do art. 13 e das expressões a ele referidas no inciso II do art. 41, no caput dos arts. 48 e 49 e ainda no inciso II do art. 57, todos da Lei n. 9096/95. 1. Manifestação de Ministro desta Corte, de *lege ferenda*, acerca de aperfeiçoamento do processo eleitoral, não enseja declaração de suspeição. Descabimento de sua argüição em sede de controle concentrado. Não conhecimento. 2. O artigo 13 da Lei n. 9.096, de 19 de novembro de 1995, que exclui do funcionamento parlamentar o partido político que em cada eleição para a Câmara dos Deputados, não obtenha o apoio de no mínimo cinco por cento dos votos válidos distribuídos em, pelo menos, um terço dos Estados, com um mínimo de dois por cento do total de cada um deles, não ofende o princípio consagrado no artigo 17, seus incisos e parágrafos, da Constituição Federal. 3. Os parâmetros traçados pelos dispositivos impugnados constituem-se em mecanismos de proteção para a própria convivência partidária, não podendo a abstração da igualdade chegar ao ponto de estabelecimento de verdadeira balbúrdia na realização democrática do processo eleitoral. 4. Os limites legais impostos e definidos nas normas atacadas não estão no conceito do artigo 13 da Lei nº 9096/95, mas sim no do próprio artigo 17, seus incisos e parágrafos, da Constituição Federal, sobretudo ao assentar o inciso IV desse artigo, que o funcionamento parlamentar ficará condicionado ao que disciplinar a lei. 5. A norma contida no artigo 13 da Lei nº 9.096/95 não é atentatória ao princípio da igualdade; qualquer partido, grande ou pequeno, desde que habilitado perante a Justiça Eleitoral, pode participar da disputa eleitoral, em igualdade de condições, ressalvados o rateio dos recursos do fundo partidário e a utilização do horário gratuito de rádio e televisão — o chamado "direito de antena" —, ressalvas essas que o comando constitucional inscrito no artigo 17, §3º, também reserva à legislação ordinária a sua regulamentação. 6. Pedido de medida liminar indeferido" (Supremo Tribunal Federal. ADIMC 1354-DF. Relator: Ministro Maurício Corrêa. Julgamento: 07.02.96. Tribunal Pleno. *Diário de Justiça da União* 25.05.01, p. 00009, Ementário v. 02032-01, p. 00197).

voto seja obrigatório, uma cláusula de 5% pode ser considerada extremamente alta, podendo, de outro lado, ser considerada completamente ineficaz nos casos em que o voto seja facultativo e sejam registrados altos índices de abstenção.

Na história constitucional brasileira, a cláusula de barreira destaca-se como marca de regime antidemocrático, não sendo outra a razão pela qual o Supremo Tribunal Federal a repeliu na decisão proferida na ADI nº 1351-3/DF, concluindo pela inconstitucionalidade do artigo 13 da Lei nº 9.096/95, quando prevê os critérios definidos do funcionamento parlamentar. Merece destaque trecho do voto do Ministro Eros Grau: "A lei, de modo oblíquo, reduz a representatividade dos deputados eleitos por determinados partidos, como que cassando não apenas parcela de seus deveres de representação, mas ainda — o que é mais grave — parcela dos direitos políticos dos cidadãos e das cidadãs que os elegeram. Para ela, o voto direto a que respeita o artigo 14 da Constituição do Brasil não tem valor igual para todos. Uma lei com sabor de totalitarismo. Bem ao gosto dos que apoiaram a cassação de mandatos e de registro de partido político; bem ao gosto dos que, ao tempo da ditadura, contra ela não assumiram nenhum gesto senão o de apontar com o dedo. Não apenas silenciaram, delataram... Uma lei tão adversa à totalidade que a Constituição é, tão adversa a esta totalidade que o mesmo partido político pelo qual poderá ter sido eleito o Chefe do Poder Executivo será, sob a incidência de suas regras, menos representativo do que os demais partidos no âmbito interno do Parlamento. Múltipla e desabridamente inconstitucional, essa lei afronta o princípio da igualdade de chances ou oportunidades, corolário do princípio da igualdade. Pois é evidente que seria inútil assegurar-se a igualdade de condições na disputa eleitoral se não se assegurasse a igualdade de condições no exercício de seus mandatos pelos eleitos".[10]

---

[10] STF. ADI nº 1.351-3/DF. Relator: Ministro Marco Aurélio. Requerente: Partido Comunista do Brasil — PC do B e outros. Requeridos: Presidente da República e Congresso Nacional.

3.4 A breve vida da verticalização

Outro ponto sensível na busca do fino equilíbrio entre autonomia e coerência partidária surge na busca de harmonizar o comportamento do partido em todo o território nacional, na busca da plena efetividade do previsto pelo artigo 17, I, da CF, quando exige dos partidos políticos ação em caráter nacional e, desta forma, não lhes impõe a obrigação de se fazerem presentes em todos os Estados e Municípios, o que sequer seria razoável ou financeiramente possível, mas os obriga a atuar em prol do interesse nacional, de modo a não patrocinar o sectarismo regional.

No intuito de imprimir uniformidade à ação nacional dos partidos políticos, foi introduzido o instituto da verticalização através da Resolução do TSE n° 20.993/02, editada a pretexto de interpretar o artigo 6° da Lei n° 9.504/97, interessando o disposto pelo artigo 4°, §1°: "Art. 4° É facultado aos partidos políticos, dentro da mesma circunscrição, celebrar coligações para eleição majoritária, para proporcional, ou para ambas, podendo, neste último caso, formar-se mais de uma coligação para a eleição proporcional entre os partidos políticos que integram a coligação para o pleito majoritário. §1° Os partidos políticos que lançarem, isoladamente ou em coligação, candidato à eleição de presidente da República não poderão formar coligações para eleição de governador/a de Estado ou do Distrito Federal, senador/a, deputado/a federal e deputado/a estadual ou distrital com partido político que tenha, isoladamente ou em aliança diversa, lançado candidato/a à eleição presidencial".

A busca da coerência partidária em plano nacional foi, contudo, eliminada pela promulgação da Emenda Constitucional n° 52, que, revogando o contido na resolução, deu ao artigo 17, §1°, da CF a seguinte redação: "§1° É assegurada aos partidos políticos autonomia para definir sua estrutura interna, organização e funcionamento e para adotar os critérios de escolha e o regime de suas coligações eleitorais, sem obrigatoriedade de vinculação entre as candidaturas em âmbito nacional, estadual, distrital ou municipal, devendo seus estatutos estabelecer normas de disciplina e fidelidade partidária".

Bases e perspectivas da reforma política brasileira | 171

3.5 Fidelidade partidária

3.5.1 A fidelidade no exercício do mandato: o controle concomitante da moralidade

Superada a análise do controle de moralidade na motivação da entrega do mandato, impõe-se agora analisá-lo, em seu efetivo exercício, sendo resultado direto de toda construção histórica do conceito de mandato a indispensabilidade do controle, seja nas formas tradicionais do mandato livre e do mandato imperativo, albergados no seio de um modelo político de Estado Social ou de Estado Liberal, seja ainda mais na contemporaneidade, em que os partidos políticos assumem o evidente papel de resistência aos constantes ataques que a soberania, mormente dos países periféricos, vem sofrendo.

Deve-se ter claro, e esta é a premissa maior, que até mesmo com o melhor dos controles, caso esta noção fosse factível, o governo não seria isento de objeções, sendo sempre de se admitir um certo grau de defectibilidade. Contudo, seguindo o oportuno alerta de James Madison, a repetição desses erros, a ignorância dos apelos dos eleitores, "privaria a instituição daquele respeito que o tempo confere e sem o qual talvez nem mesmo o melhor e mais livre dos governos manteria a indispensável estabilidade. Se é verdade que todos eles dependem da opinião pública, não o é menos que a constância do ponto de vista de cada indivíduo e a influência prática sobre sua conduta dependem muito do número de pessoas que ele julga participarem desse mesmo ponto de vista".[11]

3.5.2 Democracia, autonomia e fidelidade partidárias no Brasil

Mais do que chancelarem toda a construção histórica acerca dos partidos políticos, assim como da democracia representativa, os partidos políticos brasileiros são o autêntico resultado de tudo que a experiência alienígena pôde ensinar.

---

[11] MADISON, op. cit., p. 408.

Do ponto de vista constitucional, o problema somente foi examinado na regra de 1969 (que valeu até 1985 — EC nº 25), quando foi estabelecida a sanção de perda de mandato por infidelidade partidária aos membros das Casas Legislativas, mediante a representação do próprio partido e decisão da Justiça Eleitoral. Assegurada ampla defesa, a punição era aplicável aos membros desses colégios, nas hipóteses em que, (i) por atitudes ou votos, se opusessem às diretrizes estabelecidas pelos órgãos de direção partidária, ou (ii) no caso de auto-exclusão dos quadros do partido que os elegera.

Em nível infraconstitucional, o Código Eleitoral de 1950, ao tratar da violação dos deveres partidários, não examinava a situação dos filiados, mas da violação praticada por órgão do partido, aplicando a sanção única de dissolução, com o conseqüente cancelamento do seu registro, a um diretório que se tornasse "responsável por violação do programa ou dos estatutos do seu partido político, ou por desrespeito a qualquer das suas deliberações regularmente tomadas".

As Leis Orgânicas dos Partidos Políticos de 1965, de 1971 e de 1979, distinguiam entre a situação semelhante à anteriormente descrita e as violações individuais dos deveres partidários, sendo até mesmo semelhantes na redação, ao preverem que os filiados ao partido que faltassem a seus deveres de disciplina, ao respeito a princípios programáticos, à probidade no exercício de mandatos ou funções partidárias estavam sujeitos às penalidades de: a) advertência; b) suspensão por 3 a 12 meses; c) destituição de função em órgãos partidários; d) expulsão.

Na LOPP de 1965, permitiu-se a aplicação pelo voto de 2/3 dos membros do órgão competente, reduzida esta margem para maioria absoluta a partir de 1971, da pena de perda do mandato, resguardada a possibilidade de se invocar a revisão pela Justiça Eleitoral, com efeito suspensivo. Esta invocação seria procedida *ex officio* nos casos de decisão absolutória.

Paralelamente, persistia a dissolução de diretório nas hipóteses de: I – violação do estatuto, do programa e da ética partidária, bem como de desrespeito a qualquer deliberação regularmente tomada pelos órgãos superiores do partido; II – impossibilidade de resolver-se grave divergência entre os membros do diretório; e III – má gestão financeira.

Com a estrutura que a Lei Orgânica dos Partidos Políticos (Lei nº 9.096, de 19 de setembro de 1995) previu em seu artigo 4º, e com muito mais ênfase o art. 17, *caput*, da CF, os partidos políticos passaram a ser concebidos, no dizer de Fávila Ribeiro, como uma "democracia em miniatura".[12] Uma democracia que comporta certa crítica na afronta à isonomia, traduzida na dispensa de tratamento assaz rigoroso aos filiados do partido, mas elastecido quando trata dos integrantes da bancada. Tal constatação pode ser confirmada na previsão do artigo 22, parágrafo único, da LOPP, que prevê cancelamento automático de filiação daquele que, em se filiando a outro partido, não o comunicar ao juiz da respectiva zona eleitoral no dia imediato ao da nova filiação. Frise-se: ambas as filiações serão canceladas.

Neste particular, comenta Fávila Ribeiro que o desproporcional rigorismo[13] fulcra-se na "implícita presunção de má-fé, uma vez que são declaradas nulas ambas as filiações".[14]

É de se considerar, *ab initio*, que este desligamento não poderia ser imposto de ofício, eis que, ante seu nítido caráter sancionatório, somente poderia decorrer da conclusão de um processo, tal como delineado por garantias constitucionais. Bastaria, ademais, cancelar-se apenas uma das filiações: a anterior, sendo claro que a posterior é resultante da mais atual manifestação de vontade do novel filiado, devendo, por este motivo, permanecer intocada.

---

[12] RIBEIRO, op. cit., p. 327.

[13] De fato, neste particular o Tribunal Superior Eleitoral tem-se mostrado bastante rigoroso, servindo de exemplo o precedente dos autos de Recurso Especial Eleitoral nº 18.736, relatado pelo Ministro Waldemar Zveiter e publicado em sessão em 07.11.00, segundo o qual não basta a comunicação da desfiliação ao Diretório Regional, é necessário que esta seja realizada perante o Diretório Municipal, sob pena de não surtir efeitos para o registro de candidatura a vereador. Afirmou o Ministro que "Tendo em vista a comunicação feita pelo Recorrido, ao Diretório Regional do PFL, não ter resultado no seu efetivo desligamento do quadro de filiados do Diretório Municipal do Partido, persistindo a sua condição de duplamente filiado, é de se aplicar a supracitada jurisprudência". A jurisprudência referida é a seguinte: "Recurso especial. Registro de candidatura. Filiação partidária. Duplicidade. Lei 9096/95, art. 22, §único. Aquele que se filia a outro partido deve comunicar ao partido ao qual era anteriormente filiado e ao juiz de sua respectiva zona eleitoral o cancelamento de sua filiação no dia imediato ao da nova filiação sob pena de restar caracterizada a dupla filiação. Diante da verificação da dupla filiação partidária pela falta de comunicação oportuna, indefere-se o pedido de registro de candidatura (Lei 9.096/95, Art. 22, parágrafo único). Precedentes. Recurso não conhecido" (Tribunal Superior Eleitoral. RESPE nº 16.410-PR, Publicado em Sessão 12.09.00).

[14] RIBEIRO, op. cit., p. 327.

174 | Fernando Gustavo Knoerr

Ao integrante da bancada partidária não se reserva o mesmo rigor punitivo, pois o art. 26 da Lei nº 9.096/95, ao prever a perda automática da função ou cargo que esteja sendo exercido pelo parlamentar, no órgão legislativo, por haver abandonado o partido vinculado em seu diploma eletivo, não impõe a perda da filiação ao novo partido.

Assevera ainda Fávila Ribeiro que, se por um lado a mudança de legenda inabilita o parlamentar a se expressar em nome do partido que renegou, pois "ao trocar de legenda o parlamentar, esse fato deve ser equivalente à perda da contemporânea filiação, e assim tendo que ser declarada e, por essa via, logicamente, dar-se-ia a privação do mandato eletivo, por não subsistir à filiação, por ser pressuposto essencial à persistência do direito à elegibilidade, vale dizer, a não ser fulminado por sanção que o afete com inelegibilidade, levado a indagar-se qual a sanção cabível, igual ou diferente da que se aplica ao filiado?"[15]

O Constituinte brasileiro, ao teor do §1º do art. 17 da CF, houve por bem remeter à normação interna de cada partido o tratamento da fidelidade partidária, o que tem recebido críticas de alguns e encômios de outros políticos e doutrinadores.

O fato de a Constituição delegar à normatividade interna do partido a questão da fidelidade partidária, obriga-o a necessariamente discipliná-la, sob pena de cassação de seu registro provisório[16] ou de negação de pedido de registro definitivo,[17] não se

---

[15] RIBEIRO, op. cit., p. 330.

[16] Neste sentido, o precedente do Tribunal Superior Eleitoral, relatado no processo de Registro e Cancelamento de Partido nº 219/DF, proferido em 12.03.1991 e relatado pelo Ministro Célio Borja, que decidiu: "Partido político. Partido social trabalhista – PST. Registro definitivo. Extinção do partido social cristão – PSC. Alegação de descumprimento na incorporação aos seus estatutos das normas de fidelidade e disciplina partidárias. (RES. n. 16.357, de 29.03.1990). Reiterado o entendimento jurisprudencial desta Corte que admite a extinção dos efeitos dos registros somente aos partidos com organização provisória, não importando o cancelamento de registro do partido quando não incorporados aos estatutos as normas em questão. (LOPP, art. 12). Julgado improcedente" (Tribunal Superior Eleitoral. Diário de Justiça da União, 29.4.91, p. 5244. *Revista de Jurisprudência do Tribunal Superior Eleitoral*, Brasília, v. 3, p. 400. t. II).

[17] Neste sentido já decidiu o Tribunal Superior Eleitoral em julgado proferido no RECAP nº 174/DF, relatado pelo Ministro Célio Borja, assim ementado: "Partido político. Registro definitivo do partido social cristão – PSC. Pedido deferido sob a condição da incorporação aos seus estatutos das normas de fidelidade e disciplina partidárias. Aprovada pelas Convenções

Bases e perspectivas da reforma política brasileira | 175

limitando a assinalar mera faculdade de, em querendo, exercer sua competência normativa também sobre este assunto. Esta conclusão segue autorizada com ênfase ainda maior pela já aludida previsão do artigo 15 da LOPP.

Note-se que o partido deve discipliná-la, mas o modo pelo qual o fará está integrado na sua competência privativa, abrangida que se encontra pela autonomia partidária constitucionalmente consagrada.[18]

O elenco das sanções a serem aplicadas aos transgressores das diretrizes partidárias também se encontra na Lei Orgânica dos Partidos Políticos, espuriamente, no entender de Fávila Ribeiro, pois ao prevê-lo "o legislador ordinário esbulhou uma área de normatividade que lhe estava interditada, subtraindo preceituações colocadas à discrição das organizações partidárias, a estas deixando, nesse tocante, com escassa disponibilidade inédita. Assim o fez, estabelecendo modalidades de sanções disciplinares, que haviam sido colocadas pela Constituição Federal como assuntos de economia interna de cada partido, e mormente porque estava fazendo apenas com superficial alcance, para permitir que a questão da fidelidade partidária fosse apropriadamente tratada nas instâncias normativas partidárias. Por exemplo, podem ser apontadas as seguintes hipóteses: 'desligamento temporário da bancada', 'suspensão do direito de voto nas reuniões internas', 'perda de todas as prerrogativas, cargos e funções que exerça em decorrência da representação e da proporção partidária' (tudo

---

Municipais, Regionais e Nacional, no prazo de 180 dias a contar da publicação da presente decisão" (Tribunal Superior Eleitoral. *Diário de Justiça da União* 10.05.90, p. 3982, *Revista de Jurisprudência do Tribunal Superior Eleitoral*, Brasília, v. 1, p. 470. t. II).

[18] Neste sentido o precedente do Tribunal Superior Eleitoral: "Em face do novo texto constitucional, a exigência da lei, no que concerne à aprovação em face do novo texto constitucional, a exigência da lei, no que concerne à aprovação dos Estatutos Partidários pela maioria das Convenções Estaduais e Municipais (art. 20, da LOPP e Resolução n. 10.785, de 15.02.80, art. 26, §3º, alíneas 'a', 'b' e 'c'). Está revogada, por ser incompatível com o princípio da autonomia dos partidos políticos para definirem sua estrutura interna, organização e funcionamento (CF, art. 17, §1º). Precedente: Acórdão n. 12120, de 29.10.91" (Tribunal Superior Eleitoral. Processo n. 17990-DF. Relator: Ministro Sepúlveda Pertence. Julgamento: 2.4.92. *Diário de Justiça da União* 06.05.92, p. 6090, *Revista de Jurisprudência do Tribunal Superior Eleitoral*, Brasília, v. 4, p. 398. t. II).

176 | Fernando Gustavo Knoerr

menos enfrentar a matéria em o seu exato alcance, quando nada disso cabia no contexto da lei, por ser matéria reservada à normação partidária)".[19]

Não assiste, contudo, integral razão a Fávila Ribeiro, pois este ato do legislador ordinário teve por intuito fornecer especial reforço de legalidade às penalidades aplicadas pelos partidos, sendo de se ver que, na falta desta previsão, seria profundamente questionável a aplicação, por estes, de qualquer espécie de punição, já que, na coerência da previsão constitucional, "ninguém será obrigado a fazer ou deixar de fazer alguma coisa senão em virtude de lei" (art. 5º, II, da CF).

Com esta previsão, o sistema jurídico brasileiro deu aos partidos políticos a prerrogativa de autoexecutoriedade de seus atos, permitindo-lhes a aplicação de restrições, sanções, sem a participação do Poder Judiciário, que somente poderá questioná-las do ponto de vista formal, mas jamais no tocante à opção política feita pelo partido quando da aplicação ou não da sanção. Pode-se cogitar, neste particular, de um mérito político.

Para Fávila Ribeiro, o legislador ordinário "pretendeu afastar, com pura e excessiva simplicidade, a sanção verdadeira da perda de mandato, pondo-se em condição de ostensiva infringência ao invocado no art. 17, §1º, da Constituição Federal, que colocou o problema da fidelidade partidária a ser obrigatória e compativelmente enfrentada nos estatutos partidários. A matéria não pode escapar do disciplinamento estatutário, por ser terreno defeso à ingerência da lei, caracterizando-se abuso de poder normativo, por usurpação de competência reservada pela Constituição Federal aos partidos políticos, como aspectos interesses exclusivos de suas disponibilidades estatutárias, competência das quais não se podem eximir os partidos políticos por ser matéria de sua especíñca responsabilidade, e que não pode, absolutamente, deixar de ser contemplada".[20]

Para este autor, a LOPP neste particular é inconstitucional.

---

[19] RIBEIRO, op. cit., p. 330.
[20] RIBEIRO, op. cit., p. 331.

Também neste particular cabe discordar do ilustre doutrinador, pois a aplicação da sanção de perda do mandato por infidelidade partidária já fora de antemão vedada pela Constituição na previsão taxativa do artigo 55.[21] Previsão destoante quebraria a harmonia da disciplina constitucional. Por conseqüência, também não perderá o direito à suplência aquele que, nesta condição, muda de partido.[22]

Ademais, a LOPP limitou-se a enunciar quais podem ser as sanções, não tendo abordado aspectos processuais e não operando, tampouco, a ligação entre a *fattispecie* (a ser prevista por cada partido, segundo sua linha ideológica, traçada no gozo da autonomia que a CF lhe conferiu) e a sanção. Também não tornou obrigatória a adoção de todas as sanções que enuncia, pois as prevê de modo meramente exemplificativo. Preservou-se, ainda, nas mãos do próprio partido, a conveniência (num juízo de discricionariedade política) de iniciar ou não o processo que deve culminar na aplicação de sanção, por este motivo.

---

[21] Neste sentido o precedente do Tribunal Superior Eleitoral que decidiu: "Infidelidade partidária. Perda de mandato. Argüição de nulidade do julgamento improcedente. (CPC, art. 249, §2º). Revogadas pela Carta de 1988 as normas infraconstitucionais dispondo sobre a perda de mandato por infidelidade partidária (Res. n. 15.135), carece o recurso de pressuposto para sua admissibilidade" (Tribunal Superior Eleitoral. Recurso Especial Eleitoral n. 8535. Relator: Ministro Célio Borja, *Diário de Justiça da União*, 15.05.90, p. 1. *Revista de Jurisprudência do Tribunal Superior Eleitoral*, v. 1, p. 84. t. II.). No mesmo sentido a decisão proferida pelo Ministro Roberto Ferreira Rosas: "Filiação partidária. Situação do filiado, eleito por partido e que posteriormente cancela essa filiação. Manutenção do mandato. Questão discutida no MS n. 20916 do STF" (Tribunal Superior Eleitoral. Recurso Especial Eleitoral n. 8527-SP. Relator: Ministro Roberto Ferreira Rosas. Boletim Eleitoral, v. 467, p. 743. *Diário de Justiça da União*, 21.11.89, p. 1). Assim também consulta respondida pelo Ministro Roberto Ferreira Rosas: "Vereador. Eleição por determinada legenda. Ingresso em outro partido. Não há perda de mandato" (Tribunal Superior Eleitoral. Consulta nº 9.948-DF. Relator: Ministro Roberto Ferreira Rosas. *Diário de Justiça da União*, 20.04.89, p. 5825. Boletim Eleitoral, v. 445, p. 797. t. I).

[22] Neste sentido manifestou-se o Supremo Tribunal Federal em decisão cuja ementa segue, na parte que interessa: "Mandado de segurança. Fidelidade partidária. Suplente de deputado federal. Em que pese o princípio da representação proporcional e a representação parlamentar federal por intermédio dos partidos políticos, não perde a condição de suplente o candidato diplomado pela Justiça Eleitoral que, posteriormente, se desvincula do partido ou aliança partidária pelo qual se elegeu. A inaplicabilidade do princípio da fidelidade partidária aos parlamentares empossados se estende, no silêncio da Constituição e da lei, aos respectivos suplentes. Mandado de segurança indeferido" (Supremo Tribunal Federal. Mandado de Segurança nº 20927-DF. Relator: Ministro Moreira Alves. Julgamento: 11.10.89. Tribunal Pleno. *Diário de Justiça da União*, 15.04.94, p. 08061, Ementário v. 01740-01, p. 00130).

178 | Fernando Gustavo Knoerr

Claro é que a conjuntura desta regulamentação pode causar grave desfalque à própria aplicação do instituto, não sendo difícil imaginar a hipótese de um partido que opte por disciplinar a fidelidade partidária de forma bastante superficial, buscando justamente afastar a efetividade do dispositivo constitucional.

Não parece, contudo, possível impor-se aos partidos políticos a auto-aplicabilidade dos incisos XVII-XXI do art. 5º da CF, tão somente pelo fato de que são associações civis. São-no, realmente, mas de uma categoria especial, merecedora de previsão apartada — como de fato existe, em virtude de seu especial relevo para o Estado.

Em nome da autonomia partidária está interditada à interferência legislativa a edição de normas para definir estrutura interna dos partidos políticos, a organização e funcionamento, devendo em seus estatutos estabelecer normas de fidelidade e disciplina, matérias que pertencem à economia interna da agremiação, em conformidade com o disposto no artigo 17, §1º, da Constituição Federal.

Como enfatiza Clèmerson Merlin Clève, "Se é certo, porém, que aos próprios partidos compete a definição da respectiva estrutura interna, não é menos certo que pode a lei, respeitada a autonomia conferida pela Constituição, fixar determinadas regras para efeito de compatibilizar a liberdade partidária com outros postulados constitucionais de observância obrigatória. Cumpre, então, deixar claro que a autonomia do partido imuniza a agremiação da interferência indevida do legislador ordinário, mas não impede totalmente a agremiação contra o atuar normativo do legislador, desde que compatível com os parâmetros fixados pela Constituição. De modo que, não se tratando de soberania, mas de autonomia, pode, com efeito, o legislador, observado sempre o núcleo essencial do conceito, estabelecer alguns parâmetros para a atuação partidária que servirão, inclusive, de base para a elaboração dos respectivos estatutos pelas agremiações. Não é outro, aliás, o caminho seguido pelo legislador brasileiro com a edição da Lei Orgânica dos Partidos Políticos (Lei 9.096, de 19/09/95)".[23]

---

[23] CLÈVE, Clèmerson Merlin. *Fidelidade partidária*. Curitiba: Juruá, 2000. p. 20.

3.5.3 A fidelidade partidária sem mandato imperativo

Segundo John Stuart-Mill, não seria necessária a introdução de um sistema de mandato imperativo como recurso para forçar a observância, pelo Legislador, da vontade de seu eleitorado. Tal questão, referida pelo teórico como "uma questão de moralidade constitucional — a ética do governo representativo", encontraria solução se os eleitores se recusarem a eleger qualquer um que não se comprometa com seus ideais ou que, pelo menos, não respeita suas opiniões. Quando isto ocorrer, poderão transformá-lo num porta-voz, ou compeli-lo a entregar seu mandato, caso não consinta agir nestas condições.[24]

Uma certa modalidade, não de mandato imperativo, mas de controle e coerção na representação política, pode ser encontrada na atuação dos chamados grupos de pressão, como deixa claro Ernest S. Griffith, ao comentar que estes grupos "usam naturalmente membros de suas próprias regiões como porta-vozes. Eles fazem o que podem legitimamente para convencer os membros de outras regiões, da justiça e da razão de seus pontos de vista [...] Um sistema de dois partidos não é suficientemente preciso para refletir o intrincado padrão de dois pontos de vista sobre uma multidão de assuntos".[25]

No caso dos partidos políticos, não obstante a Constituição Federal de 1988 tenha remetido a disciplina da fidelidade partidária, como visto, ao tratamento pelos respectivos estatutos, as penalidades reservadas pela Lei n° 9.096/95, nos artigos 23, 24 e 25, forçosamente impõem a restrição da punição ao nível intrapartidário, pois somente poderão ser aplicadas as penas de "desligamento temporário da bancada, suspensão do direito de voto nas reuniões internas ou perda de todas as prerrogativas, cargos e funções que exerça em decorrência da representação e da proporção partidária na respectiva casa legislativa, ao paramentar

---

[24] STUART-MILL, op. cit., p.122.
[25] GRIFFITH, Ernest S. *O sistema americano de governo*. Rio de Janeiro: Nórdica, 1983. p. 70.

180 | Fernando Gustavo Knoerr

que se opuser, pela atitude ou pelo voto, às diretrizes legitimamente estabelecidas pelos órgãos partidários".

A doutrina eleitoralista tradicional é unânime em afirmar que a Constituição Federal não permite a perda do mandato por infidelidade partidária, já que reserva a aplicação desta penalidade apenas aos estritos casos enunciados no artigo 55. Segue-se, neste particular, o modelo alemão, no qual "Mesmo quando o Deputado não quiser concordar com a política de seu partido e por isso se desligar de sua bancada partidária, não perde seu mandato parlamentar".[26]

Nesta medida, como assinala Celso Ribeiro Bastos, a Constituição Federal de 1988 não opera um "retorno integral à antiga fidelidade e disciplina partidárias. Isto porque eram elas impostas pela Constituição e regulamentadas na legislação infraconstitucional. No momento, a Lei Maior exige simplesmente que os estatutos incorporem normas de fidelidade e disciplina partidárias, o que, necessariamente, envolve a outorga de uma certa margem discricionária para que os partidos regulem esses institutos com maior ou menor rigor. Possibilidade existente no regime anterior, quando as regras eram todas heterônomas".[27]

Contudo, a remessa da disciplina da fidelidade partidária à regulamentação pelo estatuto partidário não fragilizou a democracia brasileira e tampouco depreciou a importância do mandato. Como sublinha Clèmerson Merlin Clève, "nem por isso a natureza do mandato parlamentar sofreu radical deslocamento de significação".[28]

Ao revés, engendrou-se a criação de um sistema de fidelidade partidária que conjuga a tutela da autonomia partidária, engrandece a democracia representativa e aprimora o sistema presidencialista de governo.

Trata-se de um mandato representativo, mitigado pela exigência de fidelidade, pois já não mais se pode dizer que o parlamentar ficará adstrito tão somente aos ditames de sua consciência,

---

[26] PETERS, Joachim. *Um país e seu povo*: a República Federal da Alemanha se apresenta. Sulzbach: Editora Altes Schulhaus, 1984. p. 20.

[27] BASTOS. *Comentários...*, op. cit., p. 613.

[28] CLÈVE, op. cit., p. 27.

Bases e perspectivas da reforma política brasileira | 181

devendo considerar os tópicos do programa partidário. Nos casos em que sua liberdade de consciência afrontar o programa do partido, deverá o mandatário abster-se ou previamente desfiliar-se.

Quando a Lei Orgânica dos Partidos Políticos pede que o parlamentar paute sua atuação nas "diretrizes legitimamente estabelecidas pelos órgãos partidários" (art. 25), impõe-lhe a regras democraticamente gizadas, necessariamente genéricas e abrangentes, que jamais poderão dispor pontuadamente sobre temas específicos. Não seria lícito, por exemplo, insculpir no programa do partido a regra segundo a qual todos os integrantes de sua bancada devem ser contrários à prática do abortamento. Seria admissível, contudo, que a diretriz partidária impusesse a observância da regra segundo a qual o partido é contrário a toda forma violenta de agressão à vida.

Como assinala Arnaldo Malheiros, "por diretriz legitimamente estabelecida há de se entender a fixação de uma norma de conduta, resultante da tomada de posição oficial de um órgão diretivo partidário convocado expressamente para esse fim, tendente a compatibilizar a atuação de seus representantes com as normas programáticas ou estatutárias da agremiação, em face de determinada matéria sujeita a deliberação parlamentar".[29]

Não será lícita, porque não será diretriz, a regra do programa partidário que tolha dos integrantes de sua bancada a possibilidade de opção. A possibilidade de optar por vários caminhos, todos comportados na regra programática.

Descer-se a filigranas no tracejamento do programa partidário desfiguraria, em primeira mão, a previsão de que o partido fixa apenas diretrizes, genéricas por definição, constituindo-se em afronta à liberdade de atuação do mandatário, que seria transformado em mero autômato, em "boca sem vontade" para usar a expressão de Clèmerson Merlin Clève.[30]

Se a democracia contemporânea, como antes se concluiu, é construída e sustentada a partir de elementos democráticos, e será

---

[29] MALHEIROS, Arnaldo. Fidelidade partidária. *Boletim Eleitoral do Tribunal Regional Eleitoral de São Paulo*, n. 5, p. 3, jan./mar. 1977.
[30] CLÈVE, op. cit., p. 26.

182 | Fernando Gustavo Knoerr

mais democrático um regime quanto mais democráticos forem os seus elementos, não se pode tolher do integrante da bancada a possibilidade de optar, de pensar e agir de modo distinto dos demais integrantes daquela, e ainda assim estar conformado às diretrizes partidárias.

Os partidos, assim como a democracia, devem sancionar a liberdade da diferença.[31] Somente os que assumem comportamento francamente contrário à diretriz partidária podem ser punidos por infidelidade.[32]

Pensar o contrário redunda transformar o mandatário em alguém que não tem a mínima condição de expressar sua vontade, mas tão somente a do partido, fazendo com que o mandato, que ao menos em certa medida deve ser titularizado por quem o recebe na escolha das urnas, passasse a pertencer unicamente ao partido. Endossando este raciocínio, o Tribunal Superior Eleitoral editou a Resolução n° 12.017, de 27.11.84, asseverado que "Não pode o Partido Político fixar, como diretriz partidária, a ser observada por parlamentar a ele filiado, membro do Colégio Eleitoral, a obrigação de voto em favor de determinado candidato". Note-se, contudo, que a análise da diretriz pelo Poder Judiciário não poderá abranger a matéria de fundo, devendo se ater apenas à análise dos requisitos formais.[33]

---

[31] Nesse sentido, alude René Rémond a uma "fragmentação do cenário político" (RÉMOND, René. *La politique n'est plus ce qu'elle était*. Paris: Calmann-Lévy, 1993. p. 58).

[32] O Partido Democrático Trabalhista considera o desligamento do partido após a obtenção do mandato, sem prévia renúncia ao mandato, em seu Estatuto: "Art. 61 - É norma fundamental de fidelidade e disciplina partidárias, obrigatória a todos os filiados, o respeito e o cumprimento do Programa, dos Estatutos e das diretrizes e deliberações legitimamente adotadas pelo Partido. §2° - Equipara-se à violação de norma de fidelidade e disciplina partidárias, o desligamento de filiado que, após obter mandato legislativo através da Legenda do PDT, abandone o partido sem renunciar a este mandato".

[33] Neste sentido, decisão do Tribunal Superior Eleitoral que foi assim ementada: "Medida cautelar. Efeito suspensivo a RESPE. Hipótese na qual o Diretório Regional do Partido editou resolução, estabelecendo diretrizes no sentido de excluir, das eleições de 2000, filiados incluídos na CPI do FUNDEF. Decisão do TRE que: I) reconheceu a legitimidade da resolução do partido; II) valorou a autonomia partidária; III) reconheceu que a matéria é *interna corporis*; IV) indeferiu registro de candidatura. Decisão do TRE que se ajusta à jurisprudência do TSE (Acórdãos 13.688 e 13.738). Ausente o requisito da plausibilidade. Medida cautelar julgada improcedente" (Tribunal Superior Eleitoral. MC n° 853-CE. Relator: Ministro Nelson Azevedo Jobim. Publicado em Sessão, 29.09.00).

Resta claro desta análise que toda a controvérsia acerca dos limites da fidelidade partidária centra-se na definição do grau de generalidade de que deve revestir-se o programa partidário.

Insta, nesse sentido, valorizar a função das diretrizes partidárias.

Índice de assuntos

A
Administração Pública 82
Assembléia dos deputados (função)..53
Autocracia 44

C
Cabine eleitoral (conceito) 56
Civilização romana 25
Crise da governabilidade 80

D
De la republique (tratado) 26
Democracia 20-22, 41, 43-44,
                      48-49, 89-90, 105, 138
- Caracterização 51
- Democracia contemporânea 181
- Democracia grega...........................22
- - Modelo aristotélico........................24
- - Modelo platônico 23
- - - monarquia.................................23
- Democracia moderna 25, 48, 74
- Democracia representativa 55, 63,
                           69, 94, 106, 116
- - Democracia direta 57-58
- Ideologia.....................................54
- Organização do Estado 22
- Regime de governo 22
- Requisitos 50
- Voto 31

E
Eleição primária (conceito) 109
Elemento metafísico 16
Eletividade 26
Escola de Mileto.............................16
Escolha de representantes.............60-61
- Paradigma de Daniel Gaxie 62
- Paradigma de Michigan...................62

- Paradigma utilitarista 61
Estado 19, 27, 81, 89, 136
- Contratualismo 28
- Globalização 82
- Neocontratualismo 89
Estado democrático
   (Rousseau)..............................41-43
- Contratualismo 41
- Democracia...................................44
Estado liberal 42, 52
Estado social (modelo
   político)............ 77, 115, 141, 143, 159
- Burocratismo 79
- Legitimação..................................78
Estados Unidos 34
- Congresso....................................35
- Democracia madisoniana...........36-37
- Democracia populista 37
- - Características...............................39
- - Contrato social 37
- Eleitores 36
- Estado (conceito) 34
- Legislativo norte-americano............35
- - Câmaras....................................35
- Sistema partidário.........................35

F
Facções (partidos políticos) 58-59,
                                    98, 158
- Facções de afeição 100
- Facções de interesse......................99
- Facções de princípio 100
- Facções pessoais 98
- Facções reais................................99

G
Governo representativo
(sustentabilidade) 59

186 | Fernando Gustavo Knoerr

página

J
Jean Bodin
Ver República de Jean Bodin

L
Liberalismo inglês 29
- Liberdade civil 30
- Partidos políticos 33
Liberdade positiva 42

M
Mandato 26, 68, 87,93
- Mandato livre 69, 71, 72-75
- Mandato vinculado 69-72, 87
Metafísica 17
Metafísica e política
Ver Política e metafísica
Mitopoyésis 16

N
Neocorporativismo 91, 106

P
Parlamento 60
Partidos políticos 90, 93-98, 102-104,
113, 141, 160, 182
- Altruísmo 101
- Brasil 144-147
- - Constituição brasileira 126
- - Controle dos partidos 151
- - - Constituição de 1988 154
- - - controle financeiro 155
- - - controle qualitativo 154
- - - controle quantitativo 154
- - Legendas de aluguel 129
- - Princípios constitucionais 147
- - - limites à autonomia partidária...148
- Classificação
- - Partido-projeto 107
- - Partidos de filiação......................107
- Estatuto 155
- Estrutura
- - Adeptos 117
- - Dirigentes 118

página

- - Integrantes da bancada 119
- - Militantes 118
- - Simpatizantes 117
- Funções.....................................157-158
- - Agremiação dos eleitos 123
- - Comunicação 127
- - Controle 125
- - Pedagógica 123
- - Policiamento 121
- - Tradicionais 120
- História 95-96, 108
- Jurisdição 140
- Partidos de massa 112-114
- - Característica 114
- Partidos de quadros.......................108
- Partidos diretos 105
- Partidos indiretos..........................105
- Sistemas partidários 128
- - Bipartidarismo 130-134
- - Democracia 128
- - Monopartidarismo.................136-138
- - Pluripartidarismo 134
- - - características 135
- - Sistema eleitoral 138
Participação política 45-47
- Ascetismo......................................47
- Formas de participação 46
- Regimes autoritários 48
Partitocracia 115
- Cláusula de barreira (Brasil) 169
- Cláusula de exclusão (Brasil)..167-168
- Distribuição de cargos na
Administração Pública.................164
- Fidelidade partidária
- - Democracia e autonomia
(Brasil).....................................171
- - Exercício de mandato 171
- - Mandato imperativo..............179-181
- Financiamento público dos
partidos......................................166
- Voto obrigatório 163
Policracia...90
Política e metafísica 18-19
Política moderna.............................89
Política partidária (Brasil).................67

Bases e perspectivas da reforma política brasileira | 187

página

R
Reforma partidária brasileira 166-178
- Fidelidade 179
- Sistema jurídico 176
Relativismo (conceito)......20
Representação política 55, 70, 74, 88
- Representante......75
Representatividade e
globalização......83-91
República 26, 29, 48-49, 57
- Característica......26
República de Jean Bodin......25-26
República de Platão......25

S
Ser (descrição) 17
Sistema de representação......94
Sistemas eleitorais......63, 65, 67
- Sistema de listas......67

página

- - Fechada ou bloqueada 67-68
- Sistema distrital misto......66
- Sistema majoritário......63
- Sistemas proporcionais 64
Sociedade natural 27

T
Teocentrismo 25
Teoria contratualista 32
Teoria do eleitorado-função......55
Teoria do poder divino dos reis........18
Theorema (conceito) 18
Totalitarismo......19

V
Verdade absoluta
(conceituação)......19-20
Voto (periodicidade) 51

Índice onomástico

página

A
Abrão, Bernadete Siqueira.................17
Antiseri, Dario.................19
Aristóteles.................18, 24
Ataliba, Geraldo.................26, 51

B
Bacot, Guillaume.................42
Bandeira de Mello, Celso Antônio.....51
Bastos, Celso Ribeiro.................153, 180
Batochio, José Roberto.................122
Bobbio, Norberto.................25, 27, 43-44, 48-49, 51, 56-57, 60, 70, 72, 94, 116, 134, 157-159, 165
Bodin, Jean.................60
Bonavides, Paulo.................22, 83, 85, 130
Burdeau, M. Georges.................25, 114
Burke, Edmund.................61

C
Caetano, Marcelo.................112, 166
Canotilho, José Joaquim Gomes..32, 39
Clève, Clèmerson Merlin.................178
Corrêa, Oscar Dias.................63
Coulanges, Fustel de.................22

D
Dahl, Robert A..................36
Deutsch, Karl..... 103, 107, 127, 131-133
Duguit, Leon.................53
Duverger, Maurice...... 55, 121, 131, 139

F
Feder, João.................88
Ferreira Filho, Manoel Gonçalves......54
Finer, Herman.................110
Freitas, Juarez.................19

página

G
Giraud, Emile.................50
Griffith, Ernest S..................179

H
Hauriou, Maurice.................141
Hegel, Georg Wilhelm Friedrich...19, 22
Hume, David............. 20, 30, 58, 98, 131

J
Jennings, Ivor.................21, 30, 101, 103

K
Kelsen, Hans...... 19,20, 44, 70, 104, 125

L
Lavan, Gabriel.................125
Lijphart, Arend.................67
Locke, John.................32
Lopes, José Reinaldo Lima.................25

M
Madison, James.................28- 171
Malheiros, Arnaldo.................181
Martins, Ives Gandra.................153
Mello, Celso Antônio Bandeira de
  Ver Bandeira de Mello, Celso Antônio
Montesquieu.................40, 52, 55
Moreira, Adriano....... 121, 122, 124-125

P
Pessanha, José Américo Motta..........16
Platão.................17, 23

R
Rabier, Jacques-René.................45
Reali, Giovanni.................19
Ribeiro, Flávia.................105, 174-176

página

Rousseau, Jean-Jacques 29, 41
Ruffia, Paolo Biscaretti.....................140

S

Salassa, Josefa Saez de 54, 70
Sampaio, Nelson de Jesus 139
Sampaio, Nelson de Souza 159
Sani, Giacomo.................................46-47
Sartori, Gionvanni........65, 129-131, 166
Seiler, Daniel-Louis.............61, 95, 106,
111, 118, 120, 160
Sieyés, Abade......................................74
Silva, José Afonso da 140, 142, 148,
150-151, 156
Silva, Luís Virgílio Afonso da............67
Stuart-Mill, John 59, 102, 179

página

T

Tocqueville, Alexis de 49, 55
Tourraine, Alain.................................21

V

Velloso, Carlos Mário da Silva....22, 123

W

Weber, Max.............61, 78, 97, 113, 119
Wolkmer, Antonio Carlos..................27

X

Xifra Heras, Jorge.............................142

Z

Zapatero, Virgilio...............................90

Esta obra foi composta em fonte Garnet, corpo 11,5
e impressa em papel Offset 75g (miolo) e Supremo 250g
(capa) pela Gráfica e Editora O Lutador.
Belo Horizonte/MG, outubro de 2009.